Gabriele Kuby

HARRY POTTER – GUT ODER BÖSE

Schwerpunkt: Band V

fe

fe-medienverlag, kisslegg

Fe-Medienverlags GmbH
Fr.-Wirth-Str. 4, D-88353 Kisslegg
Umschlaggestaltung: Axel Feldmann

ISBN: 3-928929-54-2

Weh denen, die das Böse gut und das Gute böse nennen, die die Finsternis zum Licht und das Licht zur Finsternis machen, die das Bittere süß und das Süße bitter machen.

(Jesaja 5, 20)

Inhalt

Vorwort	7
Zeichen der Zeit	13
Akteure, Orte der Handlung	21
Band I: Harry Potter und der Stein der Weisen	29
Die Methode	39
1. Tranceinduktion	39
2. Erniedrigung der Menschenwelt, Glorifizierung der Hexen- und Zaubererwelt	40
3. Fehlen einer transzendenten Dimension, Pervertierung göttlicher Symbole	45
4. Gegenschöpfung häßlicher Zwitterwesen aus Mensch, Tier und Pflanze	50
5. Scheinkampf zwischen Gut und Böse	51
a) Harry Potter kämpft nur scheinbar gegen das Böse	51
b) Es gibt keinen guten Gegenspieler des Bösen	54
c) Abgrenzung gegen schwarze Magie wird vor getäuscht	57

6. Zerstörung der Unterscheidungsfähigkeit zwischen Gut und Böse 59
a) Das Böse wird faszinierend dargestellt 61
b) Das Böse wird als normaler Alltag präsentiert 62
c) Das Gute wird mit bösen und das Böse mit guten Attributen versehen 64
d) Der Leser wird Zeuge äußerster Grausamkeit 71
7. Allmähliche Intensivierung des Bösen und Ekelerregenden 76

Harry Potter – gut oder böse? 81

1. Erzeugen die ausgewählten Beispiele ein schiefes Bild? 81
2. Ist Harry Potter ein modernes Märchen? 82
3. Ist Harry Potter gute Literatur? 83
4. Welche Realität hat Magie? 85
5. Welche Realität hat das Böse? 89
6. Woher die Faszination? 95
7. Wie können Eltern ihre Kinder schützen? 98
8. Gegen den Strom 101

Band V: 104
Harry Potter und der Orden des Phönix. Zusammenfassung und Kommentar

Zehn Argumente gegen Harry Potter 156

Vorwort

Lieber Leser, liebe Leserin,

Sie haben dieses Buch in die Hand genommen, weil Sie eine Antwort auf die Frage suchen: Ist Harry Potter gut oder böse?

Es ist wichtig, darauf eine Antwort zu haben, denn Harry Potter ist kein gewöhnliches Buch, das sich in das pluralistische Massenangebot der Medien einfügt. Harry Potter ist ein kulturelles Langzeitprojekt, das eine ganze Generation prägt und damit die gesellschaftliche Realität.

Harry Potter sprengt alle Grenzen. Er tut sein Werk rund um den Globus, überall dort, wo Bücher gelesen und Filme gesehen werden. Niemals zuvor, seit der Buchdruck erfunden wurde, gab es einen solchen Erfolg.

Wer sich und seine Kinder dieser Entwicklung nicht blind und ohnmächtig ausliefern möchte, sollte auf die Frage dieses Buchtitels eine Antwort finden.

Die Frage nach Gut und Böse gilt unserer Zeit als überflüssig und überholt. Aber die Wirklichkeit, in der wir leben, kümmert sich nicht darum. Wir können die Augen vor den voraussehbaren Folgen unseres Handelns verschließen. Erleiden müssen wir sie dennoch.

Allein die Frage zu stellen, ist schon ein Akt gegen die globale Pottermanie. Die Bedingung der aberwitzigen Pottersucht ist, daß diese Frage *nicht* gestellt wird.

Ich gebe Ihnen meine Antwort jetzt: Harry Potter ist böse. Die Wirkungen werden verheerend sein. Ich stehe bestürzt vor dem Ausmaß der Verblendung.

Falls Sie und Ihre Kinder Vergnügen an Harry Potter haben und Sie sich das Vergnügen nicht verderben lassen wollen, dann legen Sie dieses Buch beiseite.

So viele Menschen können sich doch nicht irren!

Wirklich nicht?

Sollte Harry Potter ein historischer Präzedenzfall sein, daß die Profitinteressen einer Milliardenindustrie Millionen von Pottersüchtigen zum Guten motivieren?

Würden Sie, lieber Leser, liebe Leserin, vor aller Analyse darauf wetten, daß die Massenbewegung Harry Potter die Gesellschaft zum Guten wandelt? Oder handelt es sich um harmlose, indifferente Unterhaltung?

Falls Sie trotz einer gewissen Lust an Harry Potter dennoch bereit sind, die Frage nach Gut und

Böse zu stellen und ein paar Stunden Ihrer Zeit zu verwenden, um einem Rufer in der Wüste zuzuhören, möchte ich Ihnen meine Hochachtung aussprechen. Die wenigsten Menschen sind willens, eine Position zu überprüfen, die sie mit der Masse eint, denn das Risiko ist bedrohlich: Kaum etwas fürchtet der Mensch mehr, als sich in seiner sozialen Gruppe zu isolieren. Machen Sie sich, falls Sie Ihre Lust an Potter als fragwürdig erkennen, keine Vorwürfe, denn es steckt große und heimtückische Intelligenz dahinter. *Für Sie* habe ich das Buch geschrieben.

Falls Sie unsicher sind, wie Sie das Phänomen einschätzen sollen, dann lesen Sie weiter. Vielleicht haben Sie eine Abneigung dagegen, Mitläufer zu sein und manipuliert zu werden, dann ist es ratsam, eine Sicht zur Kenntnis zu nehmen, die sich der totalitären Einheitsmeinung widersetzt. Sie tun sich und dem Pluralismus, an den wir als Voraussetzung der Demokratie doch glauben, einen Dienst, wenn Sie sich *Ihr eigenes Urteil* bilden.

Falls Sie von der magischen Welt Harry Potters angewidert sind, einer Welt der Rassenideologie und des Blutopfers, der Gewalt und des Grauens, des Ekels und des Terrors, der ständigen Bedrohung und der Besessenheit, dann finden Sie hier eine Analyse, die Ihnen helfen kann, gegen den

Strom zu schwimmen und Ihre Kinder zu schützen. Das ist nicht leicht. Aber wir leben in einer Zeit, in der wir uns entscheiden müssen.

Der vorliegende Text ist eine Erweiterung meines Beitrages zu dem Buch: *Harry Potter – Der Herr der Ringe. Unterscheidung tut not* von Michael Hageböck und mir. Dieses Buch ist im November 2002 erschienen und war schnell vergriffen.

Der Geist der beiden Fantasy-Schöpfungen könnte nicht gegensätzlicher sein. Tolkien war ein praktizierender, katholischer Christ, dem es darum zu tun war, den Weg des Menschen zwischen Gut und Böse, zwischen Versuchung und freier Entscheidung für das Gute in neuen Bildern darzustellen. Rowling ist – das wenigstens kann man mit Sicherheit sagen – Atheistin. Auch sie besitzt eine unerschöpfliche Phantasie, mit der sie eine Welt erschafft, in der das Böse regiert.

Harry Potter führt den Leser in ein geschlossenes Universum grauenhafter Monster, blutverschmierter Geister, bösartiger, quälfreudiger Lehrer, grauenerregender Verhexungen und Verfluchungen, ohne daß es irgendwo einen Ausweg gäbe, ja schlimmer noch, ohne daß irgend jemand einen Ausweg sucht. Vielmehr fürchten Harry und seine Freunde nichts mehr, als daß sie von Hogwarts, der Schule für Zauberei und Hexerei, verwiesen werden könnten.

In das spirituelle Vakuum einer Gesellschaft, in der das Christentum seine prägende Kraft verloren hat, ergießt sich sturzbachartig Magie in der Form von Zauberei, Hexerei und Satanismus. Ein Blick ins Internet genügt, um sich davon zu überzeugen.

Wollen Sie das? Wollen Sie, daß die nächste Generation dafür bereitet wird? Auch Ihre Kinder? Auch Ihre Schüler? Auch Ihre Gemeinde? Selbst wenn Ihnen der christliche Glaube nichts (mehr) bedeutet, ist dies eine Frage, auf die es gut ist, eine Antwort zu finden. Die Welle rollt.

Falls Sie sich zunächst einen Überblick verschaffen wollen, was in Band V steht, dann lesen Sie die kommentierte Zusammenfassung. Sie hilft Ihnen, eine informierte Entscheidung zu treffen, ob Sie das Buch kaufen wollen oder nicht.

Gabriele Kuby
im September 2003

Zeichen der Zeit

Harry Potter ist allgegenwärtig. Noch kein Buchprojekt mit allen seinen Multimedia-Abkömmlingen hatte jemals einen solchen Erfolg.

Nach vielen Ablehnungen fand J. K. Rowling 1997 einen kleinen Verlag, der den ersten Band „Harry Potter und der Stein der Weisen" in einer Mini-Auflage von 500 Exemplaren druckte. Innerhalb von zwei Jahren wurde der erste Band ein WeltBestseller. Seitdem erschien jedes Jahr ein neuer Band – sieben sind angekündigt – und mit einer zeitlichen Verzögerung von zwei Jahren die Verfilmung. Die Bücher wurden in 55 Sprachen übersetzt und weltweit bisher ca. 200 Millionen mal verkauft. Die Filme brechen alle Einspielrekorde.

Nach der Devise: Nichts ist so erfolgreich wie der Erfolg, hat AOL/Time Warner, Besitzer der Merchandising-Rechte an Harry Potter, mit 300 Firmen Lizenzverträge abgeschlossen, davon 40 in Deutschland. Coca Cola waren sie 150 Millionen Dollar wert. AOL/Time Warner erwartet Merchandising-Einnahmen von ca. 1 Milliarde US-Dollar.

Die Autorin Joanne K. Rowling, 1996 noch alleinerziehende Mutter und Sozialhilfeempfängerin, ist in wenigen Jahren zur reichsten Frau Englands aufgestiegen. Ihr Vermögen wird auf 400 Millionen Euro geschätzt. Unter den Acht- bis Zwölfjährigen in Deutschland hat sie einen Bekanntheitsgrad von 93 Prozent, jedes dritte Kind dieser Altersgruppe hat Harry Potter gelesen. Fünf Bände mit insgesamt fast 3000 Seiten überfluten im Jahr 2003 den Weltmarkt. Die englische Startauflage des fünften Bandes beträgt 13 Millionen. Jeder Buchhändler, der sich das Geschäft nicht entgehen lassen wollte, mußte vorher einen Vertrag unterschreiben, in dem er sich verpflichtete, das Buch vor dem auf die Minute festgelegten Verkaufsstart *nicht zu lesen*. So springt ganz nebenbei das Berufsethos des Buchhändlers über die Klinge.

Jeder Band wird umfangreicher. Inzwischen kann Rowling einer Generation von Jugendlichen, die des Lesens immer mehr entwöhnt ist, an die achthundert Seiten zumuten.

Harry Potter ist in Schulen aller Stufen zur Zwangslektüre im Unterricht geworden. Viele Kinder *müssen* Potter lesen, denn ihre Fähigkeit, in der magischen Welt zu navigieren, wird benotet. Schulklassen ab sechs Jahren werden geschlossen in die Filme geführt. Es werden Parties und Lesenächte veranstaltet, zum Beispiel vom CDU-geführten Bildungsministerium des Saarlandes, in denen den Kindern, die auf Isomatten auf dem Boden liegen, eine Nacht lang Harry Potter vorgelesen wird. Seriöse Schulbuchverlage bieten Lehr- und Lernmaterial an.

Das bedeutet: Harry Potter ist ein Langzeitprojekt zur Veränderung der Kultur. Er ist ins Feingewebe der Gesellschaft eingedrungen, ins materielle und ins immaterielle. Er stülpt seinen Zauberhut über das Lernen und das Spiel, über die Phantasie und Träume der Kinder, ja über ihre Seele, und legt seine Hand auf alles, was Kinder kaufen und konsumieren können. „Jedes Kind auf der Welt wird seinen Namen kennen", diese Prophezeiung zu Anfang der Geschichte (I, 19)* ist im Begriff sich zu erfüllen.

Die Flagge, unter der Harry Potter um die Welt segelt, heißt: spannende, unterhaltsame Jugendliteratur. J. K. Rowling sei Dank: Sie lesen wieder, unsere Kinder! Aber was lesen sie? Ist ein geistiges Produkt nur deswegen, weil es als Unterhaltung eingestuft wird, wertneutral, jenseits von Gut und Böse? Gibt es im menschlichen Leben überhaupt ein Niemandsland zwischen Gut und Böse?

Allenthalben wird öffentlich beklagt, daß die Wertebasis der Gesellschaft brüchig geworden ist. Jede Nachrichtensendung trägt uns den globalen

---

* Die erste Zahl bezeichnet den Band, die zweite die Seite. Band I bis IV deutsche Ausgabe, Band V englische Orginalausgabe, da bei Abfassung des Textes die deutsche Übersetzung noch nicht vorlag.

Werteverfall ins Wohnzimmer: Krieg, Terror, Kriminalität, Korruption, wohin man schaut, Scheidungen, Abtreibung, Arbeitslosigkeit und Bildungsverfall. Statistiken zeigen ein Anwachsen von Angst, Depression, Drogenkonsum, Kriminalität, Gewalttätigkeit und Selbstmordraten bei Jugendlichen.

Es sieht so aus, als würden wir Menschen massenhaft falsche Entscheidungen treffen, als wüßten wir nicht mehr, was gut oder schlecht für uns ist. Dennoch ist es ein Tabubruch zu fragen, ob etwas dem Bösen oder dem Guten dient. Wer wollte dafür Maßstäbe anerkennen? Subjektive Freiheit und Toleranz sind die höchsten aller Werte – auf Gedeih und Verderb. Wer glaubt, daß es eine absolute Wahrheit gibt, aus der sich verbindliche sittliche Maßstäbe für den Menschen ableiten lassen, wird als „Fundamentalist" gebrandmarkt, obwohl die gesellschaftliche Entwicklung die Spötter eigentlich kleinlaut machen müßte.

Fragen wir also:

Welche Werte vermittelt Harry Potter? Was ist seine Botschaft? Was ist seine Methode? In welche Richtung bewegt Potter die Gesellschaft?

Statt Potter könnte hier auch Rowling stehen, denn Potter ist die Schöpfung ihrer abgründigen Phantasie. Aber ich werde mich mit der Autorin nicht befassen, denn es gibt keine Möglichkeit, die wahre Quelle ihres Schaffens in Erfahrung zu bringen. Es genügt, sie an ihren Früchten zu erkennen – und an den Früchten der Früchte.

Die Unterscheidung der Geister ist für jene, die dieses Leben für eine Bewährungsprobe halten und von einem Megatrend nicht einfach überrollt werden wollen, lebenswichtig. Sie ist geboten für jeden, der in irgendeiner Weise für die nächste Generation Verantwortung trägt, sei es als Eltern, Lehrer, Erzieher oder Pfarrer. Was tun, wenn Potter von allen Seiten bejubelt wird? Von den Literaturkritikern und Theologen, von Ministern, Priestern und Lehrern, von der Bildzeitung und von der Kirchenzeitung? Harry Potter wird als „Mythos des göttlichen Kindes" gepriesen, als „Vorbereitung auf das Evangelium", als „Orientierung im Kampf des Guten gegen das Böse", als „Hilfe für die Selbstfindung junger Menschen", sogar als „große Literatur...
Neuerdings wird sogar behauptet, der Vatikan gebe „grünes Licht". Das ist falsch. Es handelt sich um die private Meinung eines Mitglieds des Päpstlichen Rates für die Kultur.*

---

* Bei einer Pressekonferenz anläßlich der Vorstellung des Dokumentes über das New Age, *Jesus Christus, Träger des lebendigen Wassers*, wurde Peter Fleetwood nach seiner Meinung zu Harry Potter gefragt. Seine Antwort war: „Wenn ich die Intentionen der Autorin recht verstehe, so helfen ihre Bücher den Kindern, Gut und Böse zu unterscheiden." Peter Fleetwood selbst bezeichnet in einer mir vorliegenden Erklärung die Überschrift „Vatikan gibt Harry Potter grünes Licht" als „einen reinen Trick journalistischer Willkür".

Es gibt nur wenige warnende Stimmen. Von evangelikalen Christen hört man, daß sie Potter-Bücher verbrannt haben. Ein australischer Schuldirektor hat Harry Potter verboten. Reinhard Franzke, Pädagogik-Professor in Hannover, zeigt, wie Potter in die große Welle der New Age-Pädagogik paßt, die im Begriff ist, das Christentum aus den Herzen der Jugend zu tilgen.*

Wem kann man glauben?

Sozialpsychologische Untersuchungen über die Manipulierbarkeit der Wahrnehmung haben festgestellt: Wenn in einer isolierten Gruppensituation alle bis auf einen fest behaupten, braune Flaschen seien grün, wird nach einiger Zeit auch der eine davon *überzeugt* sein, daß die braunen Flaschen grün sind. Als ich das als Soziologiestudentin hörte, faßte ich den Vorsatz, braun braun zu nennen und grün grün. Die Weigerung, mit Lüge für soziale Akzeptanz zu bezahlen, ist eine wichtige Voraussetzung für die Wahrnehmung der Dinge so, wie sie sind. Das heißt: Die Fähigkeit zur Unterscheidung der Geister hat einen Preis, der vielen zu teuer ist, nämlich die Bereitschaft, sich in Gegensatz zu seiner sozialen Umgebung zu setzen, vielleicht sogar zu Menschen, die einem

* Reinhard Franzke, *New Age Pädagogik*, Hannover 2003

am Herzen liegen – für Kinder fast ein Ding der Unmöglichkeit.

Ich habe die Potter-Bücher gründlich gelesen, um die Zeichen der Zeit zu erkennen. Für jene Leser, welche sie nicht kennen, seien die Hauptakteure der Geschichte vorgestellt und die Grundstruktur der Handlung erzählt. Der Raster, der immer neue Variationen von magischem Horror transportiert, ist in jedem Band gleich.

Im folgenden Kapitel finden Sie eine kurze Beschreibung der Geschichte des I. Bandes. Eine ausführliche, kommentierte Darstellung des Inhalts des V. Bandes finden Sie als letzten Teil des Buches. Ich stelle die Geschichte mit einiger Ausführlichkeit dar, weil in den meisten positiven Interpretationen der grauenhafte und ekelerregende Inhalt der Bücher unter den Tisch fällt. Die – oft theologisch gebildeten – Weißwäscher verlieren durch staunenswerte intellektuelle Akrobatik jede Bodenhaftung an das, was schwarz auf dem Papier steht.

Nimmt man diesen Inhalt zur Kenntnis, ohne durch die Geschichte in Trance versetzt worden zu sein, spricht er eine eindeutige Sprache. Die angeführten Details *sind keine vereinzelten Einsprenkelungen im Text,* die in der Verdichtung ein falsches Bild ergäben; sie sind im Gegenteil nur eine Andeutung für die Grauen, Ekel und Angst erregende Atmosphäre der Schule für Zauberei und Hexerei.

Ebenso wie bei den Kreaturen der Autorin mußte ich bei der Schilderung der Handlung eine Auswahl treffen. Es gibt auf den bisher 2800 Seiten keine Szene, die eine positive, gesunde, fröhliche, hoffnungsvolle Qualität hätte. Alle Türen öffnen sich zu immer neuen Kammern des Schreckens.

Akteure - Orte der Handlung

Die Gestalten und Kreaturen sind nur eine Auswahl aus den Schöpfungen der Autorin. Würde man alle nennen, wären es drei oder viermal so viele. Es gibt keine einzige Gestalt, die ein Gegengewicht zu diesem Völkchen darstellen würde. Auch vermeintlich positive Gestalten wie Schuldirektor Dumbledore sind mit satanischen Symbolen ausgestattet und unterstützen das Böse.

Hauptakteure

Harry Potter: Waisenkind, „Halbblut", Mutter Hexe, Vater „Muggel". Eltern wurden von Voldemort durch Verfluchung getötet. Harry trägt die „Fluchnarbe" Voldemorts auf der Stirn. Harry hat beständig Alpträume, hört Stimmen, die ihn ängstigen und zum Töten auffordern. Seine Symptome verschlimmern sich über die Jahre. In Band V wird er von Voldemort besessen und entwickelt sich zu einer multiplen Persönlichkeit.

Lord Voldemort: „Er-dessen-Name-nicht-genannt-werden-darf", der ganz und gar Böse. *(Vol,* Wortstamm von *voluntas, volere* = Wille, wollen, *mors* = Tod: der den Tod will.) „Er braucht immer Menschen, die ihm bei seinen Machenschaften helfen, die sich mit ihm ihre Seele teilen”(*)

Die Todesser: Anhänger Voldemorts

Wurmschwanz: Lakai Voldemorts, der für das „Lebenselixier” Voldemorts eigenhändig seinen Arm amputieren muß.

Mr. und Mrs. Dursley: Onkel und Tante von Harry. Sie quälen und demütigen Harry. Lehnen die Zauberer und Hexen ab.

Sohn Dudley: Vetter von Harry, ein „fettes Schwein”.

Muggels: Menschen. Die verächtlich dargestellten Dursleys sind die einzigen Menschen, die in der Geschichte eine Rolle spielen.

Schlammblüter: Vorfahren sind nur Muggels.

Halbblüter: Vorfahren sind halb Zauberer, halb Muggel.

Ein (*) hinter Anführungszeichen bedeutet: So wird die Figur auf der offiziellen Potter-Internetseite beschrieben.

Reinblüter: Vorfahren sind nur Zauberer.

Albus Dumbledore: Direktor von Hogwarts. Mal rettet er Harry, mal liefert er ihn den Handlangern Voldemorts aus. Gilt als Verkörperung des Guten.

Ron: Bester Freund von Harry. In der Familie Weasley der sechste, der nach Hogwarts geht. Wird wegen seiner Armut gemobbt. Reinblut.

Krätze: Eine fette Ratte, Rons Maskottchen.

Hermine: Freundin von Harry und Ron. Schlammblut. Streberin, will hervorragende Hexe werden.

Hagrid: Halbriese, Wildhüter, Freund der Kinder. (*Hag* = böser, schreckenerregender Zauberer) „Er ist ein etwas einfältiger, gutmütiger und gütiger Charakter, treu und loyal zu den Menschen, die er mag. Seine Mutter, Friedwulfa, war für ihre Brutalität berüchtigt." (*) Züchtet monströse Kreaturen, die sich gegenseitig auffressen.

Fluffy: Dreiköpfiger, riesiger „Saurüde", Hagrids treuer Begleiter.

Draco Malfoy: Mitschüler vom Haus Slytherin. „Ultra-Zauberer" (*), Vater Todesser. Freunde:

Crabbe und Goyle. Harrys Feind.

Sirius: Geliebter Patenonkel von Harry, wird wegen Massenmords vom Zauberei-Ministerium gejagt. Haßt seine Mutter. Vetter der Todesser Lucius Malfoy und Bellatrix Lestrange. Kann sich in schwarzen Hund verwandeln. Wird im V. Band von seiner Kusine, der Todesserin Bellatrix im Auftrag von Voldemort ermordet.

Bellatrix Lestrange: Ist Voldemort ergeben. Genießt es, mit dem „*Crucio!*"-Fluch zu quälen.

Prof. Snape: Bleich, hakennasig, grausam. Lehrer für Zaubertränke aus eingelegten Tieren, Giftzähnen von Schlangen, geschmorten Schnecken, Rattengehirnen, zerstampften Käfern, zerschnittenen Babies, die an Alraunen wachsen.

Prof. Quirrell: Lehrer für „Verteidigung gegen die dunklen Künste". Von Voldemort besessen. Am Ende des I. Bandes entpuppt sich sein bis dahin unter einem Turban verborgener Hinterkopf als die satanische Fratze Voldemorts.

Argus Filch: Grausamer Hausmeister, möchte Schüler „bis aufs Blut prügeln".

Dementoren: „Blinde, Seelen saugende Finsterlinge." Sie hatten die „schreckliche Gabe: sie zwangen ihre Opfer, die schlimmsten Erfahrungen ihres Lebens noch einmal zu durchleiden und wehrlos in ihrer Verzweiflung zu ertrinken." (IV, 228) Saugen dem Opfer *durch einen Kuß* die Seele aus dem Leib.

Prof. Binns: Geist, Lehrer für „Geschichte der Zauberei".

Der-fast-kopflose-Nick: Geist, dessen Kopf nur noch an einem Hautfetzen hängt.

Der fette Mönch: Geist

Der blutige Baron: Geist

Horrorkreaturen

Peeves: Fluchender, zerstörerischer Poltergeist. Singt blasphemische Weihnachtslieder.

Drachen verschiedener Art: Alle gefährlich und ekelerregend. Die Jungen des „Norwegischen Stachelbuckels" werden im Feuer ausgebrütet.

Knallrümpfige Kröter: „Sie sahen aus wie mißgestaltete, schalenlose Hummer, scheußlich fahl und schleimig, mit Beinen, die an allen möglichen und unmöglichen Stellen aus dem Körper ragten, während Köpfe nicht zu erkennen waren." (IV, 206)

Gnom: Schädlinge, die durch *Entgnomung* ausgerottet werden.

Hauselfe: Haussklaven, neigen zu zwanghafter Selbstbestrafung.

Wichtel: Verwüsten das Klassenzimmer.

Veelas: Erscheinen als die schönsten Frauen der Welt, haben dann aber „Vogelköpfe mit grausamen Schnäbeln und schuppige Flügel". (IV, 119)

Grindeloh: Übelgrün, spitze kleine Hörner, spindeldürre lange Finger, ein Wasserdämon. (*)

Troll: Über drei Meter groß, kokosnußartiger Glatzkopf, Klauenfüße.

Werwolf: Muggel mit der Gabe, sich in einen Wolf zu verwandeln.

Orte der Handlung

Hogwarts: Ein englisches Schloß, in dem sich Treppen verschieben, Bilder sprechen, Bäume zuschlagen. Es herrscht eine Atmosphäre der ständigen Bedrohung, des Mißtrauens, des Grauens, der Gewaltanwendung, der vollkommenen Willkür durch die beliebige Anwendung von Zauberei, Hexerei und Fluch.

Die 4 Häuser von Hogwarts: Gryffindor, Revenclaw, Hufflepuff und Slytherin. Harry, Ron und Hermine gehören zu Gryffindor. Draco Malfoy gehört zu Slytherin, „wo man List und Tück zu verbinden weiß" und wo „all die Hexen und Zauberer herkommen, die böse wurden". Gryffindor und Slytherin bekämpfen sich bis aufs Blut.

Der Sprechende Hut: Selektiert die Schüler zu Schuljahresbeginn nach Aussehen und Sympathie auf die verschiedenen Häuser. Ins „stinkige Slytherin" kommen die Bösen und Häßlichen.

Winkelgasse: Kann nur von Zauberern betreten werden zwecks Einkauf von Zauberei-Zubehör: Eulen, Ratten, Kröten, Schleim, Reißzähne, Krallenbündel und Käferaugen, menschliche Fingernägel, Zauberschulbücher für Fortgeschrittene aus der verbotenen Abteilung der Bibliothek, Zauberstäbe.

Nokturngasse: Dort gibt es in einer Vitrine eine verwitterte Hand auf einem Kissen, blutbespritzte Spielkarten, ein starrendes Glasauge, böse Masken an den Wänden, menschliche Knochen auf dem Ladentisch.

*

Was mag das wohl für eine Geschichte sein, die sich mit solchen Figuren erzählen läßt?

Band I: Harry Potter und der Stein der Weisen

Harry stammt von Zauberereltern ab, die, als er noch ein Baby war, von Voldemort durch Fluch getötet wurden. Voldemort, Er-dessen-Name-nicht-genannt-werden-darf, kann Harry nicht töten, weil die Mutter sich aus Liebe für ihren Sohn Harry opfert. Dadurch verliert Voldemort seine offene Herrschaft und kann nur noch dadurch wirken, daß er Körper und Seele eines anderen Menschen in Besitz nimmt und Blut trinkt, im I. Band das Blut eines Einhorns. Um wieder an die Herrschaft zu gelangen, muß er das Blut Harrys trinken. Dies tut er im IV. Band.

Harry überlebt den todbringenden Fluch Voldemorts, ist aber seitdem mit einer blitzförmigen „Fluchnarbe" auf der Stirn gezeichnet. Weil Harry die Verfluchung überlebt hat, ist er in der Welt der Zauberer von Anfang an *berühmt*.

Die Zauberer bringen den verwaisten Harry zu seinen menschlichen Verwandten, Onkel und Tante Dursley und Vetter Dudley, wo er aufwächst und später seine Ferien verbringt. Die Dursleys sind böse, borniert und gemein. Das erste Kapitel (in jedem Band) schildert, wie Harry übel schikaniert wird und ihm sein Vetter Dudley, das „fette Schwein", in allem vorgezogen wird. Die Dursleys sind *Muggels*, nämlich normale Menschen im Gegensatz zu den Zauberern und Hexen. Sie hassen die Zaubererwelt und den Einbruch der Hexerei in ihr Leben.

Mit elf Jahren entdeckt Harry durch ungewöhnliche Ereignisse, daß er ein Zauberer ist. Er begegnet Zauberern und Hexen, die die Durselys mit magischen Mitteln so in Angst versetzen, daß sie Harry schließlich freigeben und ihn nach Hogwarts auf die „Schule für Zauberei und Hexerei" gehen lassen.

Harry wird von Hagrid, dem freundlich-brummigen Wildhüter der Schule, abgeholt. Gemeinsam kaufen sie in der Winkelgasse die notwendigen Zauberutensilien. Dort gibt es „Werke wie Flüche und Gegenflüche (Verzaubern Sie Ihre Freunde und verhexen Sie Ihre Feinde mit den neuesten Racheakten)" (I, 90), Schleim, Reißzähne, Krallenbündel und Käferaugen, in Band IV ergänzt durch menschliche Fingernägel per Schöpflöffel. (Woher diese kommen, bleibt im Dunkeln.) Das wichtigste ist der Zauberstab. Merkwürdiges geschieht: Der Zauberstab, der Harry in die Hand kommt, ist just „ein Bruder" des Zauberstabes von Voldemort, denn in beiden ist eine Schwanzfeder des Phönix, der nur zwei Schwanzfedern besaß.

Der Verkäufer des Zauberstabes sagt:

„Ich denke, wir haben Großartiges von Ihnen zu erwarten, Mr. Potter. Schließlich hat auch Er-dessen-Name-nicht-genannt-werden-darf Großartiges getan – Schreckliches ja, aber Großartiges." (I, 96) Man höre: „Schreckliches ja, aber Großartiges."

Hagrid geht mit Harry auf die Bank. Dort gelangen sie in ein Verließ, in dem Hagrid den sogenannten „Stein der Weisen" entwendet. Dieser Stein verwandelt alles Metall in Gold und schenkt Unsterblichkeit. (Er müßte also heißen: Stein der Begierlichkeit.)

Der Direktor der Schule für Zauberei und Hexerei ist Albus Dumbledore. Er gilt als die Verkörperung des Guten, weil er Harry mehrmals im Kampf gegen Voldemort rettet.

Beim großen Eröffnungsfest werden die Schüler von einem sprechen-den Zauberhut auf vier Häuser verteilt. Die Guten, Gutaussehenden, Sympathischen ins Töpfchen (Gryffindor), die Häßlichen und Gemeinen ins Kröpfchen (Slytherin).* Harry hat nur „eine schreckliche Angst, daß der Hut ihn wieder nach Hause schicken könnte", obwohl er „in dieser Nacht Alpträume hat und zitternd und schweißgebadet aufwacht". (I, 144)

---

* Siehe Wolfgang Moser, *Böses Blut. Harry Potter: Rassismus als Megaseller.* www.gutegeschichten.de

Zwanzig Geister schweben durch die Wand, darunter „der fette Mönch", „der Fast-kopflose-Nick" und „der blutige Baron mit leeren, stierenden Augen, einem ausgemergelten Gesicht und einem mit silbrigem Blut bespritztem Umhang". (I, 137)

Harry befreundet sich mit Ron und Hermine. Gemeinsam erlernen sie magische Praktiken und durchleben mörderische Abenteuer.

Eines davon ist das Wettkampfspiel „Quidditch". Die Schüler fliegen auf Hexenbesen, genannt „Nimbus 2000", durch die Luft, um den „Schnatz" zu fangen. Es gibt keine verbindlichen Regeln, dafür aber siebenhundert Möglichkeiten, ein Foul zu begehen. Harry, der im Begriff ist zu siegen, wird von einem Lehrer mit einem Fluch belegt und dadurch fast um den Sieg gebracht. Er glaubt, es sei Snape, der ihn haßt, stellt aber später fest, daß Snape ihn mit einem „Gegenfluch" gerettet hat.

Harry, Ron und Hermine entdecken nach und nach, daß Lord Voldemort danach strebt, „zurückkommen" und vermuten, daß er dafür den „Stein der Weisen" braucht. (Warum ist nicht ersichtlich, denn er besitzt bereits Unsterblichkeit und leidet nicht unter Geldmangel.)

Harry bricht gerne die Regeln der Schule und wird dafür augenzwinkernd abgemahnt. Die „altbekannten Alpträume" Harrys werden „jetzt noch schrecklicher, weil darin eine vermummte blutverschmierte Gestalt auftaucht". (I, 285)

Dieser Gestalt begegnen die Kinder im Verbotenen Wald, als sie gerade das Blut des Einhorns trinkt. Harry und seine Freunde mutmaßen – zutreffend –, daß es Voldemort gewesen ist, der das Einhornblut trank, und meinen – irrtümlich –, daß Snape ihm den Stein der Weisen beschaffen wolle. Um das zu verhindern, riskiert Harry sein Leben. Er begründet das so:

„Wenn Snape den Stein in die Hände kriegt, dann kommt Voldemort zurück! Hast du nicht gehört, wie es war, als er versucht hat, die Macht zu übernehmen? Dann gibt es kein Hogwarts mehr, aus dem wir rausgeschmissen werden können! Er würde Hogwarts dem Erdboden gleichmachen oder es in eine Schule für schwarze Magie verwandeln." (I, 293)

Das Motiv Harrys, gegen Voldemort zu kämpfen, ist also, nicht von der Schule zu fliegen – einem Ort, an dem ihn Lehrer und Schüler und Alpträume quälen – und zu verhindern, daß Voldemort Hogwarts in eine Schule für schwarze Magie verwandelt. Hogwarts ist aber bereits eine Schule, in der schwarze Magie gelehrt und ständig praktiziert wird.

Es kommt zur letzten Schlacht. Die drei Kinder Harry, Ron und Hermine stürzen sich durch eine Falltür ins Bodenlose und landen in Teufelsschlingen, die sie fast erwürgen.

Schließlich steht Harry nicht, wie erwartet, Lehrer Snape, sondern Lehrer Quirrell gegenüber. Quirrell war es, der ihn beim Quidditch-Spiel vernichten wollte, nicht Snape. Nein, der hat ihm sogar durch Gegenflüche das Leben gerettet. Dumbledore wird Harry noch erklären warum.

Quirrell, den Harry manchmal schluchzen hörte, klärt Harry darüber auf, wie es ihm ergeht mit seinem Meister.

„Er ist bei mir, wo immer ich bin. Ich traf ihn bei meiner Reise um die Welt. Damals war ich noch ein einfältiger junger Mann, mit dem Kopf voll lächerlicher Vorstellungen über Gut und Böse. Lord Voldemort hat mir gezeigt, wie falsch ich dachte. Es gibt kein Gut und Böse, es gibt nur Macht, und jene, die zu schwach sind, um nach ihr zu streben." Im Film, zugelassen ab sechs Jahren, schallen diese Worte donnernd durch den Kinosaal. Quirrell weiter: „Seit damals bin ich sein treuer Diener, auch wenn ich ihn viele Male enttäuscht habe. Er mußte sehr streng mit mir sein." Quirrell zitterte plötzlich. „Fehler vergibt er nicht so einfach." (I, 316)

Harry findet den blutroten Stein aus unerklärten Gründen in seiner eigenen Tasche. Nun zeigt sich: Quirrell und Voldemort sind eins. „Wo eigentlich Quirrells Hinterkopf hätte sein sollen, war ein Gesicht, das schrecklichste Gesicht, das Harry jemals gesehen hatte. Es war kreideweiß mit stierenden roten Augen und, einer Schlange gleich, Schlitzen als Nasenlöchern" – im Film unvergeßlich dargestellt. Voldemort sagt:

„Ich habe nur Gestalt, wenn ich jemandes Körper teile, aber es gibt immer jene, die willens sind, mich in ihre Herzen und Köpfe einzulassen." (I, 318)

Er kann seinen tödlichen Fluch nicht aussprechen, weil Harry ihm gerade noch rechtzeitig seine Hand, die blutige Blasen entstehen läßt, aufs Gesicht drückt. Harry ist nicht tot, Voldemort nicht besiegt: Das Spiel kann nach dem gleichen Muster in den nächsten Bänden weitergehen.

Harry fällt ins Dunkle, landet im Krankenzimmer und schaut in Dumbledores Gesicht.

Harry fragt: „Warum konnte Quirrell mich nicht berühren?" Die Antwort müßte heißen: Weil Harrys Hände blutige Blasen erzeugt haben. Aber Dumbledore faselt:

„Deine Mutter ist gestorben, um dich zu retten. Wenn es etwas gibt, was Voldemort nicht versteht, dann ist es Liebe... Für ihn war es eine tödliche Qual, jemanden zu berühren, dem etwas so Wunderbares widerfahren ist." (I, 324)

Dumbledore dreht sich nach dem Wort „Liebe" um, lacht leise, nimmt sich eine „Botts Bohne jeder Geschmacksrichtung" und erzählt: „In meiner Jugend hatte ich leider das Pech, auf eine zu stoßen, die nach Erbrochenem schmeckte", und diese schmeckt „nach Ohrenschmalz". (I, 326) Auf Liebe folgt Erbrechen.

Zur Genesung schicken die Freunde Harry einen gebrauchten Toilettensitz ins Krankenzimmer.

Harry muß für die Sommerferien zurück in die Muggelwelt. „Die wissen ja nicht" meint Harry, „daß wir zu Hause nicht zaubern dürfen. Ich werde diesen Sommer viel Spaß haben mit Dudley..." (I, 335)

Das ist der Stoff des I. Bandes der Harry Potter-Serie. Ich habe die Geschichte ohne Interpretation und Analyse dargestellt. Nur eines habe ich getan: Ich habe den Schafspelz weggelassen, in den sich der Wolf bekanntlich kleidet – die nette Freundschaft zwischen Harry, Ron und Hermine. Sie spiegelt das ganz normale Leben von Schülern heute und bietet den jungen Lesern und Zuschauern eine Identifikationsfläche.

Der angeblich so harmlose I. Band ist voll von Verfluchungen, Blut, Magie, teuflischen Fratzen und Monstern, grauenhaften, überlebensgroßen, bedrohlichen Kreaturen, dämonischer Besessenheit und schließlich der direkten Begegnung mit dem Teufel.

Nach dem Muster des I. Bandes sind auch die weiteren Bände gestrickt. Der Höhepunkt am Schluß jedes Bandes ist der Showdown zwischen

Voldemort und Harry, bei dem Harry gerettet wird und Voldemort entschwindet, um im folgenden Band sein teuflisches Werk fortzusetzen.

In den ersten vier Bänden kämpft Harry angeblich gegen „die Rückkehr Voldemorts", weil er meint, Hogwarts könnte dadurch in das verwandelt werden, was es ist: eine Schule für schwarze Magie. Bis dahin wirkt Voldemort durch Besessenheit. Im IV. Band gelingt es Voldemort bei einem Friedhofsritual das Blut Harrys zu trinken, das er braucht, um seine Herrschaft offen zu etablieren. Obwohl diese Spannung über vier Bände lang aufgebaut wird, geschieht im V. Band nichts Neues: Weder wird Hogwarts dem Erdboden gleichgemacht, noch ändert sich irgend etwas am schwarzmagischen Schulalltag. Voldemort ergreift auch nicht offen die Herrschaft, sondern wirkt weiter durch Besessenheit. Nur eine Änderung gibt es: Im V. Band ist es Harry selbst, der von Voldemort besessen wird.

Band I hält alle Welt für harmlos, den Inhalt nicht für widerwärtig. Die Methode ist aber bereits im ersten Band ersichtlich. Die Frage nach der Methode dient zur Klärung, nicht zu Aussagen über wie wahre Absicht der Autorin – diese bleibt ihr Geheimnis. Klar ist, daß hier eine äußerst raffinierte Intelligenz am Werk ist, die systematisch die Desorientierung über Gut und Böse betreibt, durch Langzeitgewöhnung an das Grausame und

Ekelerregende, durch Faszination und Veralltäglichung von Magie. Sollte das alles ein unbeabsichtigtes Nebenprodukt ihres Schaffens sein? Der Leser möge das selbst beurteilen. Aber die Frage ist unerheblich. Wichtig ist es zu entscheiden, ob die geistige Kost, die Harry Potter der Jugend dieser Welt verabreicht, gesund macht oder krank, ob sie frei macht oder abhängig,ob sie Hoffnung weckt oder Angst.

Die Methode

1. Tranceinduktion

Die Lektüre von Harry Potter versetzt in Trance. Trance bedeutet eine Veränderung des normalen Bewußtseinszustands, indem die Funktion des Intellekts eingeschränkt und dadurch der Zugang zum Unbewußten erleichtert wird. Das geschieht

1. durch Informationsüberflutung
2. durch sehr schnelle Bildabfolge, so daß der Intellekt die Kontrolle verliert
3. durch Erzeugung hoher Spannung
4. durch Verwirrung und Außerkraftsetzen der gewohnten Orientierungspunkte, insbesondere der natürlichen Kriterien für Gut und Böse.

Die Welt von Harry Potter ist mit einer Überfülle von Personen und Kreaturen bevölkert, die ständig die Seiten, zum Teil auch ihren Körper wechseln. Sie werden in immer neue Handlungsabfolgen mit grauenerregenden Inhalten, aber ohne klare Struktur verstrickt. Wie in modernen Filmen wird der Leser mit rasend schnell wechselnden Bildern überflutet. Die Spannung entsteht in erster Linie durch Nervenkitzel, durch die Darstellung einer Welt der Magie, in der vollkommene Willkür herrscht, die Akteure unter dauernder Bedrohung stehen, niemandem trauen können, in der es ständig um Leben und Tod geht, und immer neue Horrorwesen auftauchen, sei es als Person oder als Monster. Sie tun Dinge, die einen Tabubruch bisher geltender Grenzen für die Darstellung des Horrors in der Kinder- und Jugendliteratur darstellen. Das erzeugt im Leser Gier nach Mehr, durch die er nicht mehr beurteilt, ob das, was er liest, eigentlich mit seinen Wertvorstellungen übereinstimmt oder nicht. Diese werden systematisch außer Kraft gesetzt. (Zur Analyse der hypnotischen Induktion s. S. 66) All diese Faktoren wirken verstärkt, wenn etwa durch Schlafentzug und liegende Haltung das Unbewußte besonders zugänglich wird.

2. Erniedrigung der Menschenwelt – Glorifizierung der Hexen- und Zaubererwelt

Bisher galt das menschliche Leben als gut und die Welt der Hexen und Zauberer als böse. Joanne K. Rowling gelingt es, die Grundwertung umzupolen. Nach 70 Seiten – im Film zehn Minuten – erscheint dem Leser/Zuschauer die Menschenwelt böse und schlecht, die Welt der Zauberer und Hexen vielleicht nicht als gut – die Frage stellt sich nicht mehr –, aber als erstrebenswert. Harry riskiert sogar sein Leben, um in dieser Welt zu bleiben und nicht in die Menschenwelt zurückkehren zu müssen.

Wie vollbringt die Autorin dieses magische Kunststück?

Wir erleben zu Beginn der Geschichte, wie der reizende, unschuldige, vertrauenswürdige Harry von seiner Pflegefamilie böse schikaniert wird. Er muß wie ein Hund unter der Treppe hausen. Der gleichaltrige Vetter Dudley bekommt alles, Harry bekommt nichts. Dudley ist dick, häßlich und tyrannisch gegenüber Harry, aber auch gegenüber den eigenen Eltern, was diese mit noch mehr Zuwendung belohnen.

Dudley ist fett, „fett wie ein Schwein" (II, 8), benimmt sich wie ein Schwein und wird dafür von seinen Eltern gehätschelt. Dem Vetter wird vom Zauberer Hagrid ein Schweineschwänzchen angezaubert. „Wollte ihn in ein Schwein verwandeln, aber ich denke, er war einem Schwein so ähnlich, daß es nicht mehr viel zu tun gab." (I, 68)

Dick zu sein ist in unserer übersättigten Kultur das Stigma Nummer eins. In Deutschland leiden vierzig Prozent aller Kinder unter zehn Jahren an Übergewicht, und Hunderttausende werden magersüchtig, um diesem Stigma zu entrinnen. Diesen Knopf drückt die Autorin hemmungslos, um ihre jugendlichen Leser emotional zu manipulieren. Dadurch wird ein großer Teil der jugendlichen Zuschauer, ohne es zu merken, in die Selbstverurteilung getrieben.

Nicht nur der Vetter, auch Onkel und Tante werden erbärmlich dargestellt und entwürdigt. Die Tante ist eine hysterische Schreckschraube, das Gesicht des Onkels „etwas Großes und Matschiges", in das Harry aus Versehen tritt. (I, 47) Die Tatsache, daß Onkel und Tante das Waisenkind immerhin aufgenommen und großgezogen haben, bleibt unerwähnt. Ungerechtigkeit, Lieblosigkeit, Häßlichkeit, Bindung an äußere, hohle Normen: Das normale menschliche Leben wird als verabscheuungswürdig dargestellt und zwar so, wie es viele Kinder, insbesondere die Millionen von Scheidungskindern, in Ansätzen erleben: Wenig Geborgenheit und Liebe, Überanpassung an Was-könnten-die-Nachbarn-sagen, hilflose Eltern, die zulassen, daß die Kinder sie tyrannisieren und die von den Kindern deswegen verachtet werden. Mobbing durch Mitschüler. Die normalen Menschen bekommen einen Namen, der als Gefäß für diesen Abscheu dient: „Die Muggels". *Eine positive Menschenwelt kommt bei Harry Potter nicht vor.*

Onkel und Tante wollen nichts mit der Welt der Zauberer und Hexer zu tun haben, sie wollen auch nicht, daß Harry auf diese Schule geht. Weil aber hemmungslose Verachtung gegen die menschliche Pflegefamilie geweckt wurde, erscheint dieser Widerstand spießig und kleinkariert. (s.u. S. 65ff) Durch magische Belästigungen aus der Zaubererwelt werden sie in Angst und Schrecken versetzt und geben ihren Widerstand schließlich auf.

Daß Harry aus dieser Familie weg will, ist klar. Warum er zaubern und hexen lernen will, sagt er selbst, als er mit Hagrid in der Winkelgasse Zauberutensilien einkauft: „Ich möchte rausfinden, wie ich Dudley verhexen kann." (I, 90) Sein primäres Motiv ist also Rachsucht. Dazu gibt es nützliche Handbücher wie *„Flüche und Gegenflüche"*, aber Hagrid meint, das brauche er *noch* nicht: „Du könntest mit diesen Flüchen ohnehin noch nicht umgehen, du mußt noch sehr viel lernen, bis du das kannst." Das Lernziel ist also, Flüche zu beherrschen, die schaden.

Ganz zufällig wird sich Dudley, das „tyrannische Riesenschwein" später an einer Toffeebohne vergreifen, die einen „Schwellwürgzauber" auslöst, mit der Folge, daß ihm seine Zunge aus dem Mund hängt „wie ein großer schleimiger Python". (IV, 53)

Dieses Lied der Manipulation, das die Autorin auf dem Klavier der wunden Gefühle und Sehnsüchte der Kinder spielt, wird in jedem Band in Variationen wiederholt. Dadurch wird emotional nachvollziehbar, daß Harry *gerne* auf die Schule für Zauberei und Hexerei geht, obwohl er dort häufig schweißgebadet aus Alpträumen erwacht. Er lebt in einer völlig unberechenbaren Welt böser Lehrer, bedrohlicher riesenhafter Monster, blutverschmierter Geister, grauenerregender Verhexungen und Verfluchungen, ohne daß es irgendwo eine Quelle der Liebe gäbe.

Ein einziges Mal ist so etwas wie Liebe spürbar. Aber in welchem Kontext? Harry sieht in einem magischen Spiegel, der auf zwei Klauenfüßen steht, einen Augenblick lang seine toten Eltern, die ihm liebevoll zulächeln, Mum, die Hexe, und Dad, den Zauberer. (Durchgängig werden positive Personen oder Situationen mit satanischen Symbolen versehen, hier die Klauenfüße des Spiegels.) Harry greift im Film nach der Hand der Mutter, aber er greift ins Leere.

Die Freundschaft zwischen Harry, Ron und Hermine, ist das fadenscheinige Mäntelchen, das dazu herhalten muß, die Welt des Bösen zu überdecken. Die Beziehung zwischen ihnen dient als Schwimmring, mit dem Harry sich im Meer der Monstrositäten bewegt. Das hat Resonanz mit der realen Not der Kinder aus kaputten Familien: Entzweiung von den Eltern und Zuflucht in Freundschaften mit ebenso verlorenen Gleichaltrigen.

Harry ist in Hogwarts von Anfang an berühmt. Warum? Weil er den Fluch Voldemorts überlebt hat. Harry versteht das selbst nicht, er hat nicht das geringste dazu beigetragen. Seine Berühmtheit ist nichts als ein Joker für die Sehnsüchte der Kinder, die alle so berühmt werden wollen wie ihre Stars. Da ein emotionaler Knopf im Leser gedrückt wird, bedarf es keiner überzeugenden Begründung. Harry ist berühmt, das genügt.

Mit dem Eintritt in „Die Schule für Hexerei und Zauberei" ist der Schritt in die Welt des Bösen getan. Der scheinbare Kampf zwischen Gut und Böse findet *innerhalb* des Bösen statt. Der Leser wird in die Welt des Bösen eingetaucht und findet allmählich das Böse normal und anziehend.

3. Fehlen einer transzendenten Dimension – Pervertierung göttlicher Symbole

Der Glaube der Hochreligionen lehrt, daß es über dem Menschen einen „Himmel" und unter dem Menschen eine „Unterwelt" gibt. Dazwischen befindet sich die irdische Welt. Heute glauben immer mehr Menschen, daß es keinerlei transzendente Dimension gibt, und beschränken sich auf den Versuch, das Glück auf der irdischen Ebene zu mehren. Die Welt Harry Potters ist nach zwei Seiten hin geschlossen: Zu den Menschen, denn diese werden verabscheut, und zu einer befreienden transzendenten Dimension. Im V. Band erklärt Dumbeldore Harry, warum er in den Ferien immer zu den verhaßten Dursley-Muggels zurückkehren muß:

„Das Opfer deiner Mutter machte das Blutsband zum stärksten Schutz, den ich dir geben konnte. Dort konntest du nicht von Voldemort verletzt werden. Ihr Blut wurde deine Zuflucht. Du mußt dorthin nur einmal im Jahr zurückkehren, aber so lange du es Zuhause nennen kannst, während du dort bist, kann er dir nichts antun."

Der Ort, den Harry am meisten haßt, das Haus der Pflegeeltern im Ligusterweg, ist die einzige Zuflucht Harrys vor den Anschlägen Voldemorts. Das heißt: Es gibt in der geschlossenen Welt von Harry keinen Zufluchtsort. Der Name für eine solche Welt ist Hölle.

Auch wenn Gott nicht vorkommt und nicht direkt angegriffen wird, ist Harry Potter von Anfang bis Ende Kampf gegen Gott. Göttliche Attribute werden nachgeäfft und pervertiert.

Es gibt nur einen, der unsterblich ist, und das ist Voldemort, jener, der den Tod will. Im Laufe der Geschichte wird er als „Lord Voldemort" angesprochen, nicht nur von seinen Hörigen, den „Todessern", sondern auch von seinem angeblichen Gegenspieler, dem Schuldirektor Dumbledore. (IV, 756)

Es heißt, Harry verdanke sein Leben dem Opfer seiner Mutter. Damit wird das Christusmotiv des

Liebesopfers ins Spiel gebracht. Die Mutter, die sich hier opfert, *ist eine Hexe*. Schlußfolgerung: Hexen sind zur größten Liebe fähig, nämlich zur Liebe einer Mutter, die ihr Leben für das Kind opfert. Aber dieses Liebesopfer ist der Geschichte nur rein äußerlich in einigen wenigen Sätzen angeklebt. Vermutlich dürften alle Erwähnungen dieses Opfers kaum mehr als eine Seite ausmachen – von bisher 2800 Seiten. Es wird nicht erfahrbar, was Liebe heißt, das Wort wird nur wie ein falsches Etikett verwendet.

Voldemort muß Blut trinken, zuerst das Blut eines Einhorns. (Das Einhorn ist ein altes Christussymbol, das den Aspekt der Reinheit zum Ausdruck bringt.) Er braucht aber das Blut Harrys, um sich ganz zu inkarnieren. Dieses Ziel erreicht er durch ein Blutritual im IV. Band. Blut, Blutrituale, Blutopfer sind ein durchgängiges Motiv.

Das ist eine Verkehrung des Opfers Christi. Der Teufel trinkt menschliches Blut, um Macht über die Menschen zu erlangen. Christus vergießt sein Blut, um den Menschen das ewige Leben zu schenken.

Bei der Quidditch-Weltmeisterschaft, die das internationale Hexervolk im IV. Band veranstaltet, erscheint ein „Dunkles Mal" am Himmel, „ein riesiger Totenkopf, der, wie es schien, aus smaragdgrünen Sternen bestand... Und aus der Mundhöhle des Schädels quoll, wie eine Zunge, eine

Schlange hervor. Sie sahen zu, wie der Schädel immer höher stieg, in grünlichen Dunst getaucht, doch strahlend hell, auf den schwarzen Himmel geprägt wie ein neues Gestirn." (IV, 137) Dies ist eine satanische Nachäffung der Wiederkunft Christi.

Die Welt Harry Potters ist mit Gestalten und Symbolen ausgestattet, die kulturell als Symbole des Bösen definiert sind und von jedem als solche erkannt werden: Die Schlange, der Drachen, ein steinernes Standbild, Hörner, Klauenfüße, grüne Blitze, Schwefel, die Farben schwarz, blutrot, giftgrün – fast alle diese Symbole sind in der Offenbarung des Johannes zu finden. So auch das „Zeichen auf der Stirn" (Offb 19, 20-21). In der Offenbarung wird unterschieden zwischen denen, die das Siegel Gottes auf der Stirn tragen und gerettet werden, und jenen die das „Standbild des Tieres" anbeten und das „Kennzeichen des Tieres" auf der Stirn tragen. Harry trägt das Kennzeichen des Bösen auf der Stirn, die „Fluchnarbe", die ihn mit Voldemort verbindet. Sie schmerzt, wenn Voldemort unsichtbar in seiner Nähe ist.

Die satanischen Symbole fehlen nie, auch nicht bei scheinbar positiven Gestalten wie Dumbledore. Das Haus des „Ordens des Phönix", der angeblich gegen Voldemort kämpft, sieht aus, „als gehöre es dem schwärzesten aller Zauberer". (V, 60)

Geister wie „der fette Mönch", „der Blutige Baron" und „Der-fast-kopflose-Nick" leben einträchtig mit den Schülern von Hogwarts zusammen. Sie haben regen Umgang mit dem Geist eines von Voldemort ermordeten Mädchens, der „Maulenden Myrte" (Der Myrtenkranz ist das Symbol der Reinheit und Jungfräulichkeit.) Die Maulende Myrte – ein Geist – weint Tränen. Es gibt keinen Menschen, der Tränen weint, auch Harry, Ron und Hermine weinen niemals.

Das größte Fest der Schule ist Halloween. (Dieses Geisterfest ist gerade im Begriff den Advent zu verdrängen, kräftig unterstützt von Kindergärten und Schulen.) An Weihnachten muß Harry in der Schule bleiben, weil er zu Hause unerwünscht ist. Es wird „das schönste Weihnachten seines Lebens", denn er bekommt zum ersten Mal Geschenke, darunter einen „Züchte deine eigenen Warzen-Biokasten". Verhexte Rüstungen singen Weihnachtslieder, die vom Poltergeist Peeves obszön verballhornt werden. (IV, 414) In keinem der fünf Bände fehlt die Szene, in der Weihnachten in den Dreck gezogen wird.

Auf diese Weise wird das Fest der Geburt Christi entleert und beschmutzt. Das trifft auf vorbereiteten Boden, denn Weihnachten ist zu einem Konsumfest verkommen und für die zerbrochenen Familien der schmerzhafteste Tag des ganzen Jahres. Vielleicht ist auch deswegen das Geisterfest Halloween so mühelos in unsere Kultur eingebrochen.

4. Gegenschöpfung häßlicher Zwitterwesen aus Mensch, Tier und Pflanze

Der Schöpfung Gottes wird eine Gegenschöpfung monströser Kreaturen entgegengestellt. Die Phantasie der Autorin ist unerschöpflich im Gebären abartiger, bedrohlicher, ekelerregender Kreaturen. Einige davon wurden bereits vorgestellt. Besonders infam ist die Mischung aus dem Reinsten und Unschuldigsten – einem Baby – mit der Ausgeburt des Bösen. Zwei Beispiele:

Alraunen: Eine Entlehnung aus der Genesis, wo Alraunen als Fruchtbarkeitskraut vorkommen (Gen 30,14-16). Sie haben bei Potter quasi menschlichen Charakter und werden als Rohstoff benutzt, „um Verwandelte oder Verfluchte in ihren ursprünglichen Zustand zurückzuversetzen" (II, 97).

Die Schüler müssen die Alraunen umtopfen. Als Wurzel kommt ein „kleines, schlammüberzogenes und äußerst häßliches Baby aus der Erde. Die Blätter wuchsen aus seinem Kopf heraus. Es hatte eine blaßgrüne, gefleckte Haut." Die Schreie der „Babies" können töten. Die Baby-Alraunen wachsen heran, feiern Parties, paaren sich, um dann „zerschnitten und geschmort” zu werden. (II, 97. 244. 293)

Ob Kinder, die in jungen Jahren mit solchen Bildern gespeist werden, etwas dagegen haben werden, wenn man aus menschlichen Embryonen Heilmittel macht?

Zweites Beispiel: Ein Todesser fällt in einen Glasbehälter. Sein Kopf schrumpft und verwandelt sich in einen Babykopf, bedeckt mit Pfirsichhaut. Der „häßliche, babyköpfige Todesser” greift Harry an. Harry hebt seinen Zauberstab, aber Hermine fährt dazwischen: „Du kannst doch dem Baby nichts antun!” (V, 697)

Das sind besonders krasse Beispiele für die abartige Phantasie der Autorin. Die Welt von Harry Potter ist von Anfang bis Ende mit häßlichen, ekelerregenden und bedrohlichen Kreaturen bevölkert, die die Phantasie eines Breughel bei weitem übersteigen.

5. Scheinkampf zwischen Gut und Böse

a) Harry Potter kämpft nur scheinbar gegen das Böse

Es wird behauptet, Harry Potter sei eine Geschichte über den Kampf zwischen Gut und Böse. Potter sei gut, Voldemort sei böse.

Wenn wirklich ein Kampf zwischen dem Guten

und dem Bösen stattfindet, muß der Gute das Gute wollen. Er darf nicht vom Bösen beherrscht, gar von ihm besessen sein. Er darf nicht die Mittel des Bösen anwenden, um über das Böse zu siegen, denn dann ist das Gute böse geworden, und in Wahrheit hat das Böse gesiegt. Der Gute muß das Böse bekämpfen *wollen, weil es böse ist*, und kann nur durch die Anwendung guter Mittel siegen.

Die Tatsache, daß blutrünstige Konfrontationen zwischen Harry und Voldemort den Höhepunkt eines jeden Bandes darstellen, gilt den meisten Kommentatoren als hinreichender Beleg für die Behauptung, Harry Potter sei ein „moderner Mythos", ja ein „Epos" über den Kampf zwischen Gut und Böse. Aber keines der genannten Kriterien ist erfüllt.

Harry ist nicht gut. Sein Grundmotiv für seinen Wunsch, nach Hogwarts zu gehen, ist Rachsucht gegen Vetter Dudley und der Wunsch, Hexerei und Zauberei zu erlernen, denn er *ist* ein Hexer.

Harry ist nicht unabhängig von Voldemort. Er ist für jeden sichtbar von Voldemort durch die Fluchnarbe gezeichnet, die ihn konkret mit Voldemort verbindet. Sie schmerzt, wenn Voldemort in der Nähe ist. Sein Zauberstab ist ein „Bruder" des Zauberstabes Voldemorts, denn in beiden steckt die Schwanzfeder des Phönix. Die magischen Kräfte des bösen Voldemorts und des guten Harry haben also dieselbe Quelle. Harry fühlt sich unerklärlich verwandt mit Tom Riddle, der sich später als Voldemort entpuppt. „Harry hat das Gefühl, als ob Riddle ein Freund gewesen wäre, als er noch sehr klein war, ein Freund, den er fast vergessen hatte." (II, 243)

Beim Friedhofsritual im IV. Band verbinden sich die Zauberstäbe Harrys und Voldemorts durch einen „sattgoldenen Lichtstrahl" (IV, 693) und bilden eine goldene Lichtkuppel. Im V. Band wird Harry von Voldemort besessen. Er fühlt, denkt und tut, was Voldemort fühlt, denkt und tut. Es kommt zur physischen Vereinigung mit Voldemort.

Harry kämpft mit den Mitteln des Bösen, mit Flüchen und Gegenflüchen und Verhexungen. Das wird dadurch verschleiert, daß er bisweilen heldenmütige Anwandlungen hat. Seinen Sieg über Voldemort im I. Band erlangt er dadurch, daß er dem von Voldemort besessenen Quirrell seine Hand, die blutige Blasen erzeugt, aufs Gesicht preßt. „Harrys einzige Chance war, Quirrell festzuhalten und ihm anhaltende Qualen zu bereiten, so daß er keinen Fluch aussprechen konnte." (I, 320)

Harry bekämpft das Böse nicht deswegen, *weil* es böse ist. Harry hat vor allem eine Angst: Daß er von der Schule geworfen werden könnte. Der Kampf gegen Voldemort ist mit dieser Angst motiviert. Der Wunsch, auf der Schule für Zauberei und Hexerei zu bleiben, ist das stärkste Motiv für das Handeln aller drei Freunde.

Nachdem Voldemort im IV. Band Harrys Blut getrunken hat, verneigt sich Harry vor Voldemort. Gewiß, er wird dazu gezwungen, aber er tut es, das heißt, er erkennt die Herrschaft Voldemorts an.

b) Es gibt keinen guten Gegenspieler des Bösen

Als Verkörperung des Guten gilt Dumbledore, der Direktor von Hogwarts. Im Buch wird er so geschildert:

„Er war groß, dünn und sehr alt... Er trug... einen purpurroten Umhang, der den Boden streifte, und Schnallenstiefel mit hohen Hacken. Seine blauen Augen leuchteten funkelnd hinter den halbmondförmigen Brillengläsern hervor, und seine Nase war sehr lang und krumm, als ob sie mindestens zweimal gebrochen wäre." (I, 13)

Würde ein Theaterregisseur dem alten Weisen hochhackige Schnallenschuhe anziehen, ihm eine Nase geben, die aussieht, als wäre sie mindestens zweimal gebrochen, und dem Türklopfer zu seinem Büro die Gestalt eines Geiers?

Die positiven Rezensenten führen zum Beleg für die Weisheit Dumbledores die wenigen Sätze an, die nach Weisheit klingen. Vor allem diesen:

„Schließlich ist der Tod für den gut vorbereiteten Geist nur das nächste große Abenteuer. Weißt du, eigentlich war der Stein gar nichts so Wundervolles. Geld und Leben, so viel du dir wünschst! Die beiden Dinge, welche die meisten Menschen allem andern vorziehen würden – das Problem ist, die Menschen haben den Hang, genau das zu wählen, was am schlechtesten für sie ist." Damit offenbart er, daß der Titel des I. Bandes eine Irreführung ist, denn „der Stein der Weisen" ist nichts anderes als ein Fetisch für das, was sich der moderne Mensch unter Glück vorstellt: „Geld und Leben, so viel du dir wünschst."

Die Rezensenten machen sich nicht die Mühe, die Gestalt Dumbledores insgesamt auf ihren sittlichen Wert hin zu befragen. Dumbledore weiß, daß er schwächer ist als Voldemort: „Voldemort hat Kräfte, die ich nie besitzen werde." Er erkennt also die Überlegenheit des Bösen.

Seine Eröffnungsansprache an die Schüler lautet:

„Willkommen zu einem neuen Jahr in Hogwarts! Bevor wir mit unserem Bankett beginnen, möchte ich ein paar Worte sagen. Schwachkopf! Schwabbelspeck! Krimskrams! Quiek! Danke sehr!" (I, 135)

Zum Schluß des Schuljahres hält er wieder eine Rede:

„Bevor wir die Zähne in unser köstliches Festessen versenken, muß ich euch mit dem schwefeligen Geschwafel eines alten Mannes belästigen."(I, 330)

Regeln, die Dumbledore verkündet, werden von den Lehrern oder von ihm selbst gebrochen. Direktor Dumbledore übt eine Willkürherrschaft aus – wie könnte es anders sein auf einer Schule für Zauberei und Hexerei. Zwei Beispiele:

Der Direktor schärft den Schülern ein, daß sie den „Verbotenen Wald" nicht betreten dürfen, weil er äußerst gefährlich ist, sie müssen es dann aber als „Strafarbeit" tun. Das ist so, als würde ein Vater seinem 11jährigen Sohn verbieten, Whisky zu trinken, und es ihm dann zur Strafe befehlen.

Die Schule veranstaltet das Trimagische Turnier (Band IV), obwohl die Todesrate dabei hoch ist. Ein Schüler meint: „Wo bleibt der Spaß, wenn nicht ein bißchen Prickeln dabei ist?" (IV, 200) Ist das nicht genau die Einstellung, die Jugendliche sorglos in okkulte Praktiken stolpern läßt? Fürsorglich begrenzt Dumbledore das Teilnahmealter auf über siebzehn Jahre, läßt dann aber einen Betrug zu, der Harry, der noch keine siebzehn ist, gegen seinen Willen zur Teilnahme zwingt.

Einmal rettet Dumbledore Harry aus gefährlichen Konfrontationen, ein andermal liefert er ihn den Helfershelfern von Voldemort aus. Im V. Band entpuppt sich - ganz offensichtlich als Zyniker. Für das Glück Harrys in der Gegenwart ist er bereit, namenlose Menschen in der Zukunft „zu schlachten". (V, 739) Dumbledore ist keine Kraft des Guten im bösen Spiel. Diese Kraft gibt es nicht.

c) Abgrenzung gegen schwarze Magie wird vorgetäuscht

Allein die Differenzierung zwischen schwarzer und weißer Magie, die immer wieder zum Schein getroffen wird, erweckt in den Lesern den Eindruck, als wäre „weiße Magie" gut und erlaubt. Gemeinhin versteht man unter „weißer Magie" den Einsatz magischer Mittel zum Wohl eines anderen, während mit „schwarzer Magie" der Gebrauch magischer Mittel zum Schaden eines anderen gemeint ist. Geistheiler wären demnach weiße Magier, afrikanische Voodoo-Hexer wären schwarze Magier.

Daß *Magie jeder Art* dem Menschen schadet, soll später erörtert werden. Hier ist die Differenzierung nur eine verbale Täuschung, die dazu beiträgt, daß die schwarze Magie, die ständig praktiziert wird, in der Absetzung gegen etwas noch Schlimmeres akzeptiert wird.

In Hogwarts wird ununterbrochen zum Schaden anderer gezaubert. Genau das lernen die Kinder im Unterricht. Dabei wird immer wieder angedeutet, daß fortgeschrittene Schüler oder Absolventen von Hogwarts schwarze Magie betreiben. Die jüngeren Schüler sind natürlich begierig, diese fortgeschrittenen Methoden zu lernen. Harry sehnt sich nach einer Mutter oder einem Vater, „der Erfahrung mit schwarzer Magie" hat. (IV, 28)

Von Slytherin, einem der vier Häuser von Hogwarts, heißt es, es habe „mehr schwarze Hexen und Magier hervorgebracht als alle anderen Häuser". (II, 81) Also bringen auch die anderen Häuser schwarze Hexen und Magier hervor.

In Hogwarts wird das Fach „Verteidigung gegen die dunklen Künste" gelehrt. Der Lehrer Mad-Eye sagt: „Daher will ich euch mal ausführlich beibringen, was Zauberer sich gegenseitig antun können... Eigentlich darf ich euch die verbotenen schwarzen Flüche erst zeigen, wenn ihr in der sechsten Klasse seid. Vorher seid ihr angeblich zu jung, um damit fertig zu werden. Aber Professor Dumbledore hält mehr von eurem Nervenkostüm..." Der gute Dumbledore befürwortet also, daß die Schüler „die verbotenen schwarzen Flüche" lernen – und zwar früher als im Lehrplan vorgesehen.

Mad-Eye demonstriert seine Flüche an schwarzen Spinnen:

„Imperio! „Vollkommene Unterwerfung. Ich könnte sie dazu bringen, aus dem Fenster zu hüpfen, sich zu ersäufen, sich in einen von euren offenen Mündern zu stürzen..."

„Crucio!" Die Spinne „begann unter fürchter-

lichen Krämpfen hin und her zu wippen. Sie gab keinen Laut von sich, doch Harry wußte, wenn sie eine Stimme gehabt hätte, dann hätte sie geschrien. Moody zog seinen Zauberstab nicht zurück, und die Spinne begann jetzt noch heftiger zu zittern und zu zucken.

Neville hatte die Hände an die Tischplatte geklammert, die Knöchel weiß, die weit aufgerissenen Augen von Grauen erfüllt.

„Schmerz", sagte Moody leise. „Man braucht keine Daumenschrauben oder Messer, um jemanden zu foltern, wenn man den Cruciatus-Fluch beherrscht." (IV, 226)

Zum Tötungsfluch erläutert der Lehrer: „Wenn es keinen Gegenzauber gibt, warum zeige ich euch dann den Fluch? Weil ihr ihn kennen müßt! Ihr müßt das Schlimmste mit eigenen Augen gesehen haben." Es scheint, daß dies das Motto der Autorin ist. Ist es ein geeignetes Motto für Kinderbücher?

6. Zerstörung der Unterscheidungsfähigkeit zwischen Gut und Böse

Das menschliche Zusammenleben kann ohne verbindliche Normen nicht gelingen. Diese beruhen auf einem gesellschaftlichen Konsens über Werte. Einer Sache Wert beizumessen, bedeutet, daß eine Entscheidung über ihre Qualität getroffen wird, was nur mit sittlichen Maßstäben möglich ist. Wir erleben in der westlichen Welt eine Rebellion gegen verbindliche Maßstäbe von Gut und Böse, die sich mit dem Wert Toleranz tarnt, und sind Zeugen, daß die Wertebasis der menschlichen Gesellschaft im Begriff ist zu kollabieren.

Das Gewissen des Menschen ist ein innerer Seismograph, der anzeigt, ob eine Tat gut oder schlecht ist. Wenn die Wertebasis der Gesellschaft zusammenbricht, dann heißt das, daß das Gewissen in der Mehrzahl der Menschen zum Schweigen gekommen ist. Sie wissen nicht mehr, was gut und böse ist.

Bei Harry Potter wird der Maßstab für Gut und Böse systematisch außer Kraft gesetzt durch Verwirrung und schließlich Verkehrung von Gut und Böse. Die fundamentale Umwertung geschieht gleich zu Anfang durch Manipulation der Gefühle von Kindern und Jugendlichen, die zu kritischer Distanz nicht fähig sind: Die Menschenwelt wird verabscheuungswürdig dargestellt, die Welt der Zauberer und Hexen ersehnenswert. Aber damit ist es nicht getan. Das ist nur die Eintrittskarte in eine Welt, in der das natürliche Empfinden für Gut und Böse systematisch ausgehebelt wird.

a) Das Böse wird faszinierend dargestellt

Es ist ein Urtrieb des Menschen, Grenzen, die von einer höheren Macht gesetzt werden, zu überschreiten. Das ist die Sünde, die Eva und Adam begangen haben und die jeder Überschreitung sittlicher Grenzen zugrunde liegt. Bis heute wollen wir die verbotene Frucht essen, weil wir der verführerischen Verheißung der Schlange glauben: Ihr werdet sein wie Gott. Und wir wollen sein wie Gott! Die moderne Kultur hat sich Zug um Zug von Gott und seinen Geboten befreit, um sich im Gefängnis der eigenen bodenlosen Begierden wiederzufinden und Zeuge zu werden, wie der tragende Boden der globalen Zivilisation brüchig wird.

Bei Kindern verbindet sich der Drang, gesetzte Grenzen zu überschreiten, mit gesunder kindlicher Neugier. Sie wollen ständig durch den Zaun der Behütung brechen. Diesen Zaun altersgemäß richtig abzustecken, ist nicht mehr möglich. Im Nachmittagsprogramm des Fernsehens sehen Kinder heute Sex und Gewalt und alle Arten der Perversion. Es gibt so gut wie keine Grenzen mehr, ja weithin nicht einmal mehr den Versuch der Eltern, solche Grenzen zu setzen. Aber der Drang nach dem Verbotenen bleibt.

Darauf antwortet Harry Potter. Was bislang tabuisiert war, wird plötzlich der Inhalt von Kinderbüchern: Verfluchen, magische Praktiken aller

Art bis hin zu einem auf dreißig Seiten beschriebenen satanischen Blutritual, ein Suhlen in Bildern und Handlungen, die Ekel und Abscheu erregen. Vielleicht ist der Tabubruch der Hauptgrund, warum Kinder, die durch die visuellen Medien allmählich zu Analphabeten werden, plötzlich lesen, erst 335, dann 352, dann 448, dann 767 und mit dem V. Band über 800 Seiten. Die Faszination des Bösen macht Harry Potter zu einem globalen Milliardengeschäft.

b) Das Böse wird als normaler Alltag präsentiert

Die Welt von Hogwarts ist mit bösen, häßlichen, fratzenhaften, dämonischen Kreaturen bevölkert, die anderen schaden wollen: bösen Lehrern, bösen Mitschülern, blutverschmierten Geistern, Folterknechten (Dementoren), Elfen, die sich zur Selbstbestrafung Schmerz zufügen, „Krötern", die sich gegenseitig auffressen – alles aus dem Verborgenen vom Teufel beherrscht. Es gibt bei Harry und seinen Freunden keine emotionale Abwehr gegen diese Gestalten und Szenen. Es gibt auch keine Abwehr, und sei es eine nur verbale, gegen Brutalität und Grausamkeit. Die normale Reaktion wäre Kampf oder Flucht. Bei Harry Potter ist das Grauen der normale Alltag. Was im Buch durch die eigene Phantasie zum Leben geweckt werden muß – hier kann noch ein innerseelischer Schutzmechanismus wirken –, transportiert der Film in noch tiefere Schichten der Seele.

Gegenseitige Verfluchungen gehören zum normalen Alltag, sind ein Grundmotiv der ganzen Geschichte. Feindseligkeiten unter den Schülern werden mit Flüchen ausgetragen, aber auch Lehrer arbeiten mit Flüchen gegen Schüler. Es gibt Flüche für jeden Bedarf, deren zerstörende Kraft sich von Band zu Band steigert. Zunächst ist von „Popelflüchen" und „Beinklammerflüchen" die Rede, später vom „Lähmungsfluch" bis hin zu Flüchen, die das Objekt seines Willens berauben, es foltern und töten (IV, 666). Die Rettung vor Flüchen sind „Gegenflüche", allerdings gibt es Flüche, die so stark sind, daß kein Gegenfluch wirkt.

In Band II wird erzählt: „Mrs. Norris, die Katze des Hausmeisters, hing am Schwanz festgebunden vom Fackelhalter herab. Sie war steif wie ein Brett und in ihren weit aufgerissenen Augen lag ein starrer Blick." Der Lehrer Lockhart erklärt den beunruhigten Schülern: „Eindeutig ein Fluch, der sie umgebracht hat – vermutlich die Transmutations -Tortur... leider war ich hier nicht dabei. Ich kenne nämlich den Gegenfluch, der sie gerettet hätte."

Tieropfer gehören zur üblichen Praxis von Satanisten. Die fortgeschrittenen bringen Menschenopfer dar. Fernsehen und Zeitungen berichten gelegentlich darüber. Stört sich niemand daran, daß die Jugend an eine Welt gewöhnt wird, in der so etwas geschieht?

Was hat es mit Verfluchen auf sich? Für den Gläubigen bedeutet Segnen, daß der Segnende die Kraft Gottes auf den Menschen oder den Gegenstand herabruft, den er segnet. Verfluchen bedeutet, daß der Verfluchende die Kraft Satans auf den Menschen oder den Gegenstand herabruft, den er verflucht. Flüche und Gegenflüche gehören zum Alltag der Schule für Zauberei und Hexerei. Was empfinden Sie, wenn Sie den Satz hören: „Er wurde von seinem Vater gesegnet?" Was empfinden Sie, wenn Sie den Satz hören: „Er wurde von seinem Vater verflucht?" Ich nehme an, daß selbst jemand, der weder an die Existenz Gottes noch an die Existenz Satans glaubt, spürt, daß hier mehr im Spiel ist, als „ein frommer Wunsch".

Die Rettung vor einem Fluch ist in der Welt von Harry Potter ein „Gegenfluch". Wir sagten schon, Harry lebt in einer geschlossenen Welt.

Warum bietet man „Flüche und Gegenflüche" Kindern zum Spiel an? Im Spiel üben Kinder Verhalten ein. Wollen wir, daß sie Verfluchen als Option im Betriebssystem ihres Lebens haben?

c) Das Gute wird mit bösen und das Böse mit guten Attributen versehen

Es gibt bei Harry Potter nichts Gutes, dem nicht

Abscheu erregende Attribute angeheftet werden, und es gibt nichts Böses (außer den Teufel selbst), dem nicht positive Attribute zugeschrieben werden. Dies ist das Grundprinzip der ganzen Erzählung, das bis ins kleinste Detail durchgehalten wird. Bei allem, was bisher gesagt wurde, ist das erkennbar.

Die fundamentale Umpolung der Werte geschieht – wie bereits beschrieben – im ersten Kapitel des ersten und jeden weiteren Bandes: Die Menschen werden verächtlich gemacht und die Zauberer und Hexen glorifiziert. Wie schafft es die Autorin, daß der Leser – die Zielgruppe sind Kinder und Jugendliche – diese Umwertung mitvollzieht? Es bedarf einer gewissen intellektuellen Anstrengung, um die raffinierte Methode aufzuspüren.

Der Leser wird in heftige emotionale Ablehnung gegenüber einer Person versetzt (die gemeinen Dursleys, die den lieben Harry ungerecht quälen), dann äußert diese Person die Wertvorstellungen, die außer Kraft gesetzt werden sollen (Hexerei ist böse). Ohne es zu merken, empfindet der Leser die Ablehnung von Hexerei selbst als böse, weil ja die, die sie ablehnen, böse sind.

Aber die Raffinesse geht noch weiter, bis hin zur regelrechten hypnotischen Induktion, wie sie in der Hypnotherapie verwendet wird, um Zugang zum Unbewußten des Patienten zu erlangen. Dazu muß die Kontrollinstanz des Intellekts destabilisiert werden. Und das geht so:

Harry stellt fest, daß seine Mutter, die Schwester von Tante Petunia Dursley, eine Hexe ist, und daß Onkel und Tante das wissen. (I, 61)
Tante Petunia ruft aus:

„Natürlich haben wir's gewußt! Wie denn auch nicht, wenn meine vermaledeite Schwester so eine war? Sie hat nämlich genau den gleichen Brief bekommen und ist dann in diese – diese *Schule* verschwunden und kam in den Ferien jedes Mal mit den Taschen voller Froschlaich nach Hause und hat Teetassen in Ratten verwandelt. Ich war die Einzige, die klar erkannt hat, was sie wirklich war – eine Mißgeburt. Aber bei Mutter und Vater, o nein, da hieß es Lily hier und Lily da, sie waren stolz, eine Hexe in der Familie zu haben!"

Ist es nun gut oder schlecht, eine Hexe zu sein?

Der Leser sieht die Tante (und die ganze Muggelwelt) als böse, durch die Identifikation mit Harry, dem Unrecht geschieht. Wenn die Tante also die Hexenschwester für böse hält und auch die Schule, auf die sie gegangen ist, glaubt der Leser der Tante nicht, weil die Tante böse ist. Das von ihr gebrauchte Wort „Mißgeburt", das Haß ausdrückt, steigert die Ablehnung der Tante, denn der Leser empfindet die Bezeichnung „Mißgeburt" für Hexen als eine ungerechte Übertreibung. Schließlich spielen Kinder von klein auf „Hexe" und „Zauberer". Daß die Eltern die Hexenschwester vorgezogen haben, erzeugt beim Leser unauflösliche Verwirrung. Bisher ist die Hexenschwester für den Leser gut, weil die Tante böse ist. Das Vorziehen der „Mißgeburt" durch die Eltern empfindet der Leser aber als ebenso böse wie die Tante, weil er ja empört ist, daß Vetter Dudley Harry massiv vorgezogen wird. „Sie waren stolz, eine Hexe in der Familie zu haben." Ist das nun gut oder böse? Der Leser weiß es nicht mehr. In diesem Gefühlsgewirr ist keine Orientierung mehr möglich. Das eigene Urteil des Lesers, sein Gewissen, ist destabilisiert. Er kann sich so wenig orientieren wie die Schüler im Zauberschloß Hogwarts.

Eine wirklich gute Schwester würde anders sprechen. Sie würde mit Schmerz darüber klagen, daß ihre Schwester in einer okkulten, satanischen Sekte verschwunden ist – ein Vorgang, den es in unserer Gesellschaft tausendfach gibt – und sie die Einzige war, die das erkannt hat. Von „Mißgeburt" hätte sie nicht geredet, sondern von fürchterlicher Verführung. Die Schwester ist schließlich in der Schule für Zauberei und Hexerei durch Hexerei gestorben – eigentlich ein guter Grund, um den Neffen Harry vor dieser Schule zu bewahren.

Diese Methode wird immer wieder angewandt, um Magie akzeptabel zu machen. Hier noch ein weiteres Beispiel aus dem V. Band:

Mrs. Umbridge, die neue Lehrerin für das Fach „Verteidigung gegen die dunklen Künste", wird als böse, grausame Diktatorin dargestellt. Sie quält Harry stunden- und wochenlang mit einer Strafarbeit, die er mit seinem eigenen Blut schreiben muß (s. S. 112) Sie meint, frühere Lehrer wären gefährliche, unverantwortliche Halbblüter gewesen. Die Schüler wären in Flüche eingeweiht worden, die ihrer Altersstufe nicht entsprochen und potentiell tödlich gewesen wären. Sie hätten fürchten müssen, alle naselang vom Dunklen angegriffen zu werden. Das wolle sie jetzt ändern. (V, 219)

Um die Sicherheit für die Schüler zu erhöhen und „besorgte Eltern zu beruhigen", wolle sie nur Theorie unterrichten und auf das praktische Üben der Flüche und Gegenflüche verzichten – *zur großen Empörung der Schüler*. Die Empörung ist so groß, daß die Schüler unter der Führung von Harry zur Selbsthilfe greifen und einen geheimen Bund gründen, in dem sie praktisch Magie betreiben.

Was liegt für jugendliche Leser, die sich mit Harry identifizieren, näher, als es ihm gleich zu tun?

Mrs. Umbridge spricht die Wertvorstellungen des Lesers aus: Keine gefährlichen magischen Experimente, keine Gewalt. Weil sie aber gehaßt wird, werden dicse Wertvorstellungen destabilisiert. Die Schüler hassen Mrs. Umbridge nicht, weil sie Böses tut, nämlich zur Bestrafung von Harry ein qualvolles Blutritual einsetzt – dagegen wehrt sich niemand –, sondern weil sie das praktische Ausüben von Magie zum Schutz der Schüler einschränkt.

Weitere Beispiele für die Umwertung von Gut und Böse:

Ron, der nette Freund Harrys, hat als Begleiter „die fette Ratte Krätze". Man kennt Ratten auf der Schulter von bleichen, schwarz gekleideten, gepiercten Jugendlichen. Sind Ratten auf der Schulter vielleicht doch okay?

Beim Quidditch-Spiel versucht Lehrer Quirrell Harry durch Fluch zu töten. Snape, der Lehrer, der Harry haßt, rettet ihn mit einem Gegenfluch. Warum? Dumbledore gibt die Erklärung: „Dein Vater hat etwas getan, was ihm Snape nie verzeihen konnte. Er hat sein Leben gerettet. Prof. Snape konnte es nicht ertragen, in der Schuld des Vaters zu stehen... Ich bin mir sicher, daß er sich dieses Jahr deshalb so bemüht hat, dich zu schützen, weil er das Gefühl hatte, daß er und dein Vater dann quitt wären. Dann konnte er endlich wieder an deinen Vater denken und ihn in aller Ruhe hassen." (I, 325) Die totale Verwirrung: Jemand, der Harry haßt, rettet ihm das Leben. Er tut es durch Fluch, und er tut es, um weiter hassen zu können.

Der gutmütige Hagrid, der als Wildhüter in einer Hütte am Rand des Verbotenen Waldes lebt, züchtet Drachen, die mit Schnaps, Hühnerblut und Körben voller toter Ratten gefüttert werden. Ron, dem der Drache eine blutige Bißwunde beigebracht hat, sagt: „Dieser Drache ist das fürchterlichste Tier, das ich je gesehen hab". Ron erlebt, wie Hagrid das Vieh mit zärtlicher Mutterliebe umsorgt, ihm Schlaflieder singt und schluchzt, als es seine Hütte verläßt. Zum Abschied legt er ihm einen Teddybären in den Korb und ruft ihm nach: „Mammi wird dich nie vergessen". (I, 262) Fürsorgliche, zärtliche Mütterlichkeit kommt sonst in den vier Bänden niemals vor.

Mad-Eye, der „Lehrer zur Verteidigung gegen die dunklen Künste", sieht so aus: „Es war ein Gesicht, wie Harry noch nie eines gesehen hatte... Jeder Zentimeter seiner Haut schien vernarbt zu sein. Der Mund war eine klaffende Wunde, die sich schräg über das Gesicht zog, und ein großes Stück Nase fehlte. Doch es waren die Augen des Mannes, die einem wirklich Angst einjagten... Das eine war eine kleine, dunkle Perle. Das andere... drehte sich ganz nach hinten und blickte in den Kopf des Mannes hinein, so daß sie nur noch das Weiße des Augapfels sehen konnten..." Sein geschnitztes Holzbein endet in einem Klauenfuß. (IV, 194f)

Sirius, der Patenonkel von Harry, zu dem Harry Vertrauen hat, sagt über Mad-Eye: „Eins halte ich

Moody zugute, er hat nie getötet, wenn es sich vermeiden ließ." (IV, 556) So bekommt das fünfte Gebot: „Du sollst nicht töten" einen Zusatz: „wenn es sich vermeiden läßt."

Die Schüler finden diesen Lehrer „cool, ultracool, supercool". Sie haben Vertrauen zu ihm. Sie stehen Schlange vor dem Klassenzimmer, in dem er unterrichtet. Denn: „Er weiß, wie es ist, dort draußen zu sein und *es zu tun* [kursiv im Original]..." (IV, 219)

Auch dies ist ein Stilmittel, das immer wieder zum Einsatz kommt: Der Text deutet auf dunkle, magische Grenzüberschreitungen hin, die aber nicht beschrieben werden. Die Leerstelle füllt sich mit der Neugierde und Phantasie des Lesers.

d) Der Leser wird Zeuge äußerster Grausamkeit

Im großen Friedhofs-Blutritual, dem Höhepunkt von Band IV, gewinnt Voldemort seinen Körper wieder, indem er sich ein „Elixier" aus dem abgehackten Unterarm seines Lakais Wurmschwanz, aus den Knochen seines von ihm ermordeten Vaters und aus dem Blut Harrys bereitet, der zwecks Blutentnahme an einen Grabstein gefesselt und geknebelt wurde. (Wer meint, ich könnte in meiner Darstellung übertreiben, der lese das Kapitel „Fleisch, Blut, Knochen" und folgende Kapitel (IV, S. 665 – 697) selbst, bevor er seine

Kinder zu Lesenächten gehen läßt, die die Schule veranstaltet.)

Eine Szene sei geschildert, weil die Perfidie jede Vorstellungskraft übersteigt.

Nachdem Cederic, der Freund Harrys, durch den Tötungsfluch von Voldemort ermordet wurde und Harry „vom Hals bis zu den Fußgelenken" an den Grabstein von Tom Riddle (= Voldemort) gefesselt und geknebelt wurde, darf der Leser dem Opfer einer Art Baby beiwohnen, wodurch Voldemort seinen Körper zurückgewinnt.

Der Leser dürfte ein solches Ritual abscheulich finden. Wie bringt man es fertig, diese emotionale Abwehrreaktion auszuschalten? Bitte lesen Sie den folgenden Text langsam und beobachten Sie nach jedem Satz Ihre Gefühlsreaktion:

„Was Wurmschwanz [der Lakai Voldemorts] mit sich getragen hatte, hatte die Gestalt eines zusammengekauerten menschlichen Kindes, allerdings hatte er [Harry] noch nie etwas gesehen, das einem Kind so wenig ähnelte. Es hatte keine Haare und seine Haut schien geschuppt und von einem dunklen, schrundigen Rotschwarz. Die Arme und Beine waren dünn und zerbrechlich, und das Gesicht – kein lebendes Kind hatte je so ein Gesicht gehabt – war flach und schlangengleich, mit rot schimmernden Augen. Das Wesen schien fast gänzlich hilflos; es hob seine dürren Arme, schlang sie um Wurmschwanz' Hals, und Wurmschwanz hob es hoch...Einen Moment lang sah Harry das böse, flache Gesicht des Wesens im Licht der Funken, die über dem Gebrodel tanzten. Und dann tauchte Wurmschwanz das Geschöpf in den Kessel ein; ein Zischen, und es versank; Harry hörte den zerbrechlichen Körper leise und dumpf auf dem Kesselboden aufschlagen."

Es lohnt sich, etwas näher hinzuschauen, was hier geschieht.

„Was Wurmschwanz mit sich getragen hatte, hatte die Gestalt eines zusammengekauerten menschlichen Kindes [Mitleid mit dem Kind, dessen Körperhaltung Angst ausdrückt], allerdings hatte er noch nie etwas gesehen, das einem Kind so wenig ähnelte. Es hatte keine Haare und seine Haut schien geschuppt und von einem dunklen, schrundigen Rotschwarz. [Häßlichkeit des Kindes hebt Mitleidsreaktion auf.] Die Arme und Beine waren dünn und zerbrechlich, [Zerbrechlichkeit des Kindes weckt Schutzimpuls] und das Gesicht – kein lebendes Kind hatte je so ein Gesicht gehabt – war flach und schlangengleich, mit rot schimmernden Augen [satanische Attribute – Tötung einer solchen Kreatur weckt Zustimmung] Das Wesen schien fast gänzlich hilflos [Schutzimpuls]; es hob seine dürren Arme, schlang sie um Wurmschwanz' Hals [Geste der Liebe und des Schutzsuchens vom Kind zur Mutter], und Wurmschwanz hob es hoch... einen Moment lang sah

Harry das böse, flache Gesicht des Wesens im Licht der Funken, die über dem Gebrodel tanzten. [Kind, das getötet werden soll, ist böse: kein Mitleid.] Und dann tauchte Wurmschwanz das Geschöpf in den Kessel ein; ein Zischen, und es versank; Harry hörte den zerbrechlichen Körper [Mitleid] leise und dumpf auf dem Kesselboden aufschlagen."

Zur Inkarnation Voldemorts fehlt noch einiges: *„Fleisch – des Dieners – w-willentlich gegeben – du wirst – deinen Meister – wieder beleben."* (IV, 670) Der Leser darf nun miterleben, wie Wurmschwanz seinen Unterarm abhackt und in den Kessel wirft. Und das Blut von Harry.

„Harry spürte, wie sich die Spitze des Dolches durch die Beuge seines rechten Armes bohrte und Blut den Ärmel seines zerrissenen Umhangs hinabsickerte. Wurmschwanz, vor Schmerz immer noch keuchend, stöberte in seiner Tasche nach einer Phiole und hielt sie unter Harrys Wunde; ein dünnes Blutrinnsal tröpfelte in das Glas."

„Der dürre Mann stieg langsam aus dem Kessel und starrte Harry an... und Harry starrte zurück in dieses Gesicht, das ihn drei Jahre lang in seinen Alpträumen verfolgt hatte. Weißer als ein Schädel, mit weiten, scharlachroten lodernden Augen und einer Nase, die so platt war wie die einer Schlange, mit Schlitzen als Nüstern..."

Die Anhänger Voldemorts, die „Todesser", winseln zu Füßen ihres Herrn um Vergebung und küssen den Saum seines Umhangs. Voldemort will Harry nicht einfach töten, sondern in einem Duell besiegen. Unter dem höhnischen Gelächter der Todesser wird Harry gezwungen, sich vor Voldemort zu verneigen. Er läßt sich zwingen.

In dieser Ambivalenz zeigt sich die Raffinesse: Verbeugen vor dem Teufel greift die Versuchung Jesu durch Satan auf. Jesus aber befiehlt: „Weg mit dir, Satan! Denn in der Schrift steht: Vor dem Herrn, deinem Gott, sollst du dich niederwerfen und ihm allein dienen (Lk 4, 10). Harry verbeugt sich nicht freiwillig, denn es soll der Schein gewahrt bleiben, daß er gegen Voldemort kämpft. Aber der Akt der Anerkennung Voldemorts ist durch die Verbeugung vollzogen.

Durch Flüche der beiden Kontrahenten geschieht etwas Erstaunliches: Die Zauberstäbe verbinden sich durch einen „sattgoldenen" Lichtstrahl, es entsteht eine goldene Kuppel aus tausend Lichtfäden und ein „überirdisch schöner Klang" erfüllt die Luft. Es ist der Gesang des Phönix, der erscheint, um Harry zu retten. (IV, 672)

„Überirdisch schön" – das dürfte die einzige Stelle sein, wo das Wort „schön" vorkommt.

Warum, warum jubelt alle Welt?

7. Allmähliche Intensivierung des Bösen und Ekelerregenden

Die Methode der Desorientierung über Gut und Böse wird ab der ersten Seite angewandt. Dabei werden die Inhalte von Band zu Band widerwärtiger, grausamer und verstörender.

Im II. Band werden die Begriffe „Schlammblut" und „Halbblut" und „Reinblüter" eingeführt, und zwar – nach bewährter Methode – so verpackt, daß die rassistische Differenzierung in schmutziges und reines Blut durchgehen kann, weil Harry es nicht gut findet, daß Hermine vom bösen Mitschüler Malfoy als „dreckiges Schlammblut" (II, 117) bezeichnet wird. Hermine hat menschliche Eltern im Gegensatz zu Malfoy, der eine reinrassige Zaubererabstammung vorweisen kann. Die rassistische Ideologie intensiviert sich von Band zu Band. Man stelle sich vor: Ein deutscher Autor hätte Reinrassigkeit zum Topos von Jugendliteratur gemacht!

Im I. Band schwebt Der-fast-kopflose-Nick mit anderen Geistern durch den Saal, im II. Band lädt er zu einer Todestagsfeier in den Kerker ein, der ein ganzes Kapitel gewidmet ist. (II, 128) Die Freunde nehmen gerne daran teil. Da gibt es kohlschwarze Kerzen mit hellblauen Flammen, eisige

Kälte, ekelerregenden Gestank, auf dem Buffet verdorbene Fische, Schafsinnereien, auf denen sich Maden tummeln, und ein schwarzer Kuchen in Form eines Grabsteins.

Im I. Band gibt Prof. Snape „tief unten in einem Kerker Zaubertrankunterricht". Er führt sie ein in „die zarte Macht der Flüssigkeiten, die durch die menschlichen Venen kriechen, den Kopf verhexen und die Sinne betören... Ich kann euch lehren, wie man Ruhm auf Flaschen füllt, Ansehen zusammenbraut, sogar den Tod verkorkt." (I, 151)

Im IV. Band haben die Kinder Kräuterunterricht bei Prof. Sprout. Im Gewächshaus wachsen schwarze Riesenschnecken mit großen, glänzenden Geschwülsten, aus denen die Schüler den Eiter ausquetschen und in Flaschen füllen. „Den Eiter, Finnigan, den Eiter", sagte Prof. Sprout, „und er ist äußerst wertvoll, also verschüttet ihn nicht... Ein „hervorragendes Mittel gegen hartnäckige Akne, die nicht weggeflucht werden kann". (IV, 204f)

Wie wirkt das auf Jugendliche, die wegen Akne Integrationsprobleme haben?

Nicht nur wird die Ekelschranke immer hemmungsloser eingerissen, das Maß der seelischen Grausamkeit nimmt zu, und zwar gezielt auf die Kinderseele. Im IV. Band gibt es eine furchtbare Szene, in der ein Vater seinen Sohn zusammen mit der Mutter an die Dementoren ausliefert. Dementoren treiben die Gefangenen in den Wahnsinn. Sie haben „eine kalte, Leben aussaugende Kraft." Der Sohn fleht über zwei Seiten den Vater an:

„Bitte, ich war es nicht. Ich habe es nicht getan. Nein, Mutter, laß es nicht zu." Darauf der Vater:

„Bringt sie fort und laßt sie verrotten."

„Vater! Vater, ich war nicht dabei. Nein! Nein! Vater, bitte!" (IV, 621-624)

Ende der Szene

Es spielt keine Rolle, daß der Sohn vielleicht etwas Böses getan hat. Der Leser – es sind Kinder, die das lesen und im Jahre 2004 den Film sehen werden – erlebt, daß der Sohn, der den Vater um Gerechtigkeit und Gnade anfleht, zusammen mit der Mutter vom eigenen Vater den Folterknechten ausgeliefert wird.

So etwas vor Augen geführt zu bekommen, reißt einen Riß in die Seele, in den das Böse eindringen kann. Man denke an die Geschichte vom Verlorenen Sohn in der Bibel, um den Abgrund zu ermessen, der sich hier auftut.

Die Szenen der direkten Begegnung mit dem Teufel steigern sich von Band zu Band sowohl in ihrer Länge wie in ihrer Grausamkeit. Im I. Band nimmt die Begegnung Harrys mit dem vom Teufel besessenen Lehrer Quirrell acht Seiten ein. Im II. Band sind die Kinder über einen geheimen Taschenkalender über größere Strecken des Textes in direktem Kontakt mit dem Teufel. Der Showdown am Ende, bei dem Harry vom Teufel (wie gehabt) fast getötet und der Teufel nicht besiegt wird, geht über siebzehn Seiten. Der gute, heldenmütige Harry gelangt über eine „endlose, schleimige, dunkle Rutschbahn" in die Kammer des Schreckens, um die entführte Schwester Rons zu retten. Dort bekommt er es nicht nur mit Voldemort zu tun, sondern mit einer Riesenschlange, dem „Basilisken", dem Voldemort befiehlt, Harry zu töten.

„Er konnte die riesigen, blutigen Augenhöhlen sehen, das Maul, weit aufgerissen, weit genug, um ihn auf einmal zu verschlingen, versehen mit Zähnen, so lang wie sein Schwert, schimmernd und giftig... seine gespaltene Zunge peitschte Harry gegen die Schulter... Harry stürzte sich mit der Kraft seines ganzen Gewichts nach vorn und trieb das Schwert bis zum Heft in das Gaumendach der Schlange. Warmes Blut strömte über Harrys Arm." (II, 330)

Der IV. Band beginnt bereits mit einem Auftritt Voldemorts, bei dem er einen unschuldigen Menschen mit einem grünen Lichtblitz aus seinen Augen tötet.

Auf das Friedhofs-Blutritual, das auf 34 Seiten zelebriert wird, wurde schon hingewiesen.

In den ersten vier Bänden hat Voldemort nur aus dem Verborgenen gewirkt. Der Leser ist gespannt, welche Abenteuer Harry und seine Freunde durchleben werden, wenn Voldemort mit seinen Anhängern, den Todessern, zur offenen Herrschaft gelangt.

Trotz der über vier Bände aufgebauten Spannung über die „Rückkehr Voldemorts" ändert sich an der Struktur der Geschichte im V. Band gar nichts. Voldemort wirkt weiter als Bedrohung aus dem Unsichtbaren. Es gibt im V. Band nicht einmal mehr einen nachvollziehbaren Handlungsaufbau, sondern nur noch eine Aneinanderreihung von Abscheulichkeiten. Die abgründige Perversität des Friedhofsrituals ist schwer zu übertreffen. So wirkt die erste Hälfte des V. Bandes vergleichsweise moderat, streckenweise geradezu langweilig. Die Langeweile zeigt an, was die Spannung ausmacht: nichts anderes als die Grenzüberschreitung zum Satanischen.

Harry Potter – gut oder böse?

1. Erzeugen die ausgewählten Beispiele ein schiefes Bild?

Meine Antwort: Wenn es so wäre, wenn also die von mir zitierten Passagen in eine heitere Geschichte eingebettet wären, dann stellt sich noch immer die Frage, ob man Kinder und Jugendliche mit solchen Inhalten in Kontakt bringen will. Es ist, als würde man ein Kind im Sandkasten spielen lassen, der mit Glasscherben, Hundekot und Kippen durchsetzt ist. Aber so verhält es sich nicht. Die dargestellten Ausschnitte sind nicht vereinzelter Unrat, sondern der Stoff der Geschichte. Das Problem war, aus der Fülle des Abscheuerregenden auszuwählen. Sie, verehrter Leser, setzten sich dem Widerwärtigen in diesem Büchlein nur für ein paar Stunden aus. Die Millionen Kinder, die angebissen haben, tauchen in den prägenden Jahren ihrer Jugend in die ausweglose, grausame Welt des Dämonischen ein – im Buch, im Film, im Spiel, in der Schule, im Internet, im Fanclub.

Schlagen Sie einen der Potter-Bände irgendwo auf und lesen Sie eine Weile: Ich bin überzeugt, daß Sie keine Szene finden, die Sie heiter stimmt, die ein Lächeln auf Ihr Gesicht bringt, von der Sie – bei näherem Hinsehen – glauben, daß sie gute geistige Nahrung für einen jungen Menschen ist.

2. Ist Harry Potter ein modernes Märchen?

Auch im Märchen gibt es Gruseliges und Bedrohliches, aber es geht immer darum, das Böse zu überwinden. Zauberer und Hexen sind eindeutig Gestalten des Bösen. Sie verzaubern den Menschen, verwandeln ihn in ein Tier, versteinern ihn, rauben ihm die menschliche Freiheit und trachten nach seiner Zerstörung. Die Scheidelinie zwischen Gut und Böse ist eindeutig und klar erkennbar.

Das Drama besteht darin, daß sich der Held ihrer Macht entwindet, indem er nach dem Guten strebt, ihm gute Kräfte zu Hilfe kommen und er schließlich durch die Ausübung menschlicher Tugenden wie Mut, Demut, Vertrauen, Treue, Mitgefühl und Liebe über das Böse siegt. Das ist die Grundstruktur von Märchen. Sie sind deswegen ein so reicher Schatz und gut für Kinder, weil sie dem Unbewußten klare Bilder zur Unterscheidung von Gut und Böse einprägen und einen Handlungsweg aufzeigen, der zum Sieg über die

Versklavung durch das Böse führt – durch die freie Entscheidung für das Gute.

Bei Harry Potter gibt es kein Streben nach dem Guten, keine Personen, die Demut, Vertrauen, Treue, Mitgefühl oder Liebe für den Leser erfahrbar machen würden. Die Welt des Bösen hat keinen Ausweg. Obwohl Harry in dieser Welt ununterbrochen Grauen und Schrecken erlebt, hat er nur einen Wunsch: *in dieser Welt zu bleiben*. Lesen Sie eine halbe Stunde Potter und dann ein Märchen. Sie werden sofort spüren, daß es zwei völlig verschiedene Welten sind.

3. Ist Harry Potter gute Literatur?

Vor der Medienrevolution im Kinderzimmer bemühten sich Eltern, die geistige Nahrung ihrer Kinder altersgemäß auszuwählen und sie vor Bildern des Bösen zu schützen. Sie waren bemüht, den Willen des Kindes zum Guten zu stärken. Das geschieht vor allem durch das gelebte Vorbild, aber auch durch das literarische Vorbild.

Was ist gute literarische Kost, angefangen von den ersten Kindergeschichten über Märchen, Jugendbücher, bis hin zu großer Literatur? Immer geht es um das Drama der *conditio humana*, daß der Mensch als einziges Geschöpf die Freiheit hat, zwischen Gut und Böse zu wählen. Gute Literatur setzt dieses Drama in die spezifischen Verhältnisse der je gegenwärtigen Zeit, so daß sich die Menschen darin wiedererkennen können. Gute Literatur erweitert den Horizont, wirft einen Lichtstrahl auf die Wirklichkeit, so daß sie neu und tiefer aufleuchtet, und entläßt den Leser bereichert, vielleicht sogar mit einem zuversichtlicheren Blick auf das eigene Leben.

Das Kriterium für Altersgemäßheit ist, ob die Dimension des dargestellten Dramas erfaßt und seelisch verarbeitet werden kann. Ein Baby bekommt Milch, ein Kleinkind Schonkost, Kinder unter 16 Jahren keinen Alkohol. (Dabei ist höheres Alter kein Grund anzunehmen, daß der geistige Stoffwechsel nicht mehr vergiftet werden könnte.) Bei Potter wird die Seele des jungen Lesers mit Horror überschwemmt und dadurch abgestumpft.

Die Fäden der Handlung werden zu einem undurchdringlichen Knäuel verwirrt. Im V. Band gibt es durch dieses Knäuel nicht einmal mehr einen roten Faden. An Stelle überzeugender Charaktere und lebenswahrer Handlungsabläufe und Entscheidungssituationen tritt der Nervenkitzel des Tabubruchs und künstlich erzeugter, lebensunwahrer Spannung. Die Sprache ist so platt und grobschlächtig wie der Inhalt. Da es keine Schattierungen gibt, weder in der Außenwelt noch in der Innenwelt, bedarf es keiner sprachlichen Subtilität.

Wahr ist, die Autorin besitzt einen unerschöpflichen Einfallsreichtum, um immer neue Horror-Kreaturen und -Szenen hervorzubringen. Sie bedient sich einer Phantasie, die so verdorben ist wie der Fisch, der auf der Todestagsfeier des Fast-kopflosen-Nick serviert wird.

4. Welche Realität hat Magie?

Die überwiegende Zahl der Harry Potter-Konsumenten dürfte der Ansicht sein, daß alles Magische reine Phantasie ist, daß also Verwünschungen und Verfluchungen und magische Rituale mit Hilfe von Drogen und Blut nichts als Aberglaube sind und jeder Realität entbehren. Dieser Glaube ist der Passierschein, mit dem die Zauberer und Hexen in die Herzen der Kinder einziehen dürfen: Ist ja alles nur Phantasie!

Hier noch einmal eine Auswahl der Unterrichtsfächer in der Schule für Zauberei und Hexerei:

Unterrichtsfächer
Verteidigung gegen die dunklen Künste
Zaubertrankunterricht
Geschichte der Magie
Verwandlung
Wahrsagen
Astrologie

Magische Praktiken

Verfluchungen, die
- Erstarrung/Schwellung hervorrufen
- den Willen brechen
- bis zum Wahnsinn quälen
- Erinnerung löschen

Methoden, um in den Geist eines anderen einzubrechen

Tragen von Amuletten

Levitation

Kommunikation mit Geistern

Blutrituale

Menschenopfer (bis zu Band V „nur" ein menschenähnliches Kind und ein durch Selbstverstümmelung abgehackter Unterarm)

Ethnologen berichten von magischen Ritualen aller Art in unzivilisierten Völkern. In weiten Teilen Schwarzafrikas wird Magie auch heute noch praktiziert. Die Menschen leben in Angst vor Zauberern und Hexern, weil diese Blut- oder gar Menschenopfer als Gegenleistung für Heilungs- oder Schadenszauber leisten müssen. Die gewaltige Christianisierungsbewegung, die derzeit in Afrika stattfindet, beruht auch darauf, daß das Christentum den Menschen einen Ausweg aus der tödlichen Welt der Magie eröffnet.

In der westlichen Kultur findet die Gegenbewegung statt: Der christliche Glaube zerfällt, und

Okkultismus und Magie füllen das Vakuum.

Allerorten wird gehext und gezaubert, in der Schule als Teil des offiziellen Unterrichts, bei Betriebsfesten und Halloweenparties. Einladungen können so lauten:

„Heulende Werwölfe, blutrünstige Vampire, verführerische Hexen – auf der Burg Frankenstein warten die Kreaturen des Grauens... Wir verbrennen keine Hexen, wir lieben sie! Dafür wird gelegentlich ein Besucher gehängt oder wahlweise ausgesaugt."

Umfragen an Schulen zeigen, daß ein Großteil der Schüler schon mit spiritistischen Praktiken wie Tischrücken, Geisterbeschwörungen und Voodoo in Kontakt gekommen ist.

In fast jeder Buchhandlung gibt es Bücher über Hexerei und sonstige Arten von Magie. Die Übergänge zum Satanismus sind fließend. Jugendbuchverlage bieten Voodoo-Handbücher samt Puppe und Nadelset zum Verkauf an. Eine Produktbeschreibung lautet so:

„Coole Nadeln gegen krasse Pauker! Gute Noten? Dank Voodoo kein Problem! Nun gibt es endlich das passende Voodoo-Set mit Puppe, Nadelset und Handbuch für das härteste Schlachtfeld des Lebens – die Schule. Gegen alle Feindbilder in der Penne wie den Hardline-Pauker, die Oberzicke im Sekretariat, den Hausmeister und alle Streber und Petzen hält Voodoo den passenden

Fluch und Nadelstich parat. Voodoo im Ranzen und die Penne macht wieder Spaß!" Ob Harry Potter-Kinder in schwierigen Situationen gegen solche Angebote gefeit sind?

Im Internet finden sich mühelos „Portale" in die Hexerei und den Satanismus. Um mich in diesem Medium über die Zusammenhänge mit Harry Potter zu informieren, bin ich vorsichtshalber in ein Internetcafé gegangen. Hexenzirkel, Stammtische, Seminare und Events werden flächendekkend angeboten. Harry Potter steht auf der Liste der Jugendbücher, die von manchen dieser Seiten empfohlen werden, obenan. Für den Potter-Kenner kommen geradezu vertraute Gefühle auf – die gleiche Sprache, die gleichen Inhalte, die gleichen Bilder, die gleiche Philosophie.

Der Spaß vergeht einem gründlich, wenn man einen Blick in diese Welt tut, und die Idee, daß es sich bei Hexerei um harmlosen Aberglauben handelt, auch. Nur gut, daß das Blut nicht aus dem Computer tropft. Das Zeug ist klebrig.

Aber es gibt geistliche Möglichkeiten, sich zu schützen und zu reinigen. Gut, wenn Priester diese Möglichkeiten kennen, denn sie werden viel zu tun bekommen, wenn die Potter-Saat aufgeht.

Ab und zu liest man über die grausamen und tödlichen Konsequenzen in der Presse: ein Amoklauf, ein Ritualmord, verschwundene Kinder, Friedhofsschändung, gestohlene Hostien. Welcher Zusammenhang besteht zwischen der massiven Zunahme von Angst, Panik, Sucht, Selbstmord und Verbrechen und dem Einbruch der Magie in unsere Gesellschaft?

5. Welche Realität hat das Böse?

Die Antwort auf die Frage, ob der Mensch durch Magie Schaden nimmt, hängt davon ab, ob man glaubt, daß es eine unsichtbare Welt gibt, die mit der irdischen Welt der Menschen in Beziehung steht, und wie sie beschaffen ist.

Jeder sieht, daß es das Böse in der Welt gibt, aber die Ansichten über den Ursprung des Bösen sind verschieden. Kommt es aus den Abgründen der gänzlich innerweltlich geprägten menschlichen Psyche, oder gibt es eine transzendente, personale Macht des Bösen, die den Menschen in diesem Leben in Verzweiflung und im nächsten Leben in die ewige Verdammnis stürzen *will*? Gibt es einen Kampf Gottes und Satans um die ewige Seele des Menschen?

Der Philosoph Leszek Kolakowski, Professor in Oxford, hat über dieses Thema mit dem Teufel eine literarische Unterhaltung geführt. Darin läßt er den Teufel sagen:

„Sie haben aufgehört, an mich zu glauben, meine Herren, gewiß ich weiß davon. Ich weiß es und es läßt mich kalt Es kommt mir nicht auf die Anerkennung meiner Existenz an; für mich ist nur das eine wichtig – daß das Werk der Vernichtung nicht stockt."*

An die Existenz des Teufels zu glauben, erscheint dem modernen Menschen als katholische Altlast, die es zu entsorgen gilt. Darum hat sich der Tübinger Theologe Herbert Haag verdient gemacht. Mit seinem kleinen Buch *„Abschied vom Teufel"*, das vor dreißig Jahren erschienen ist, spricht er dem Zeitgeist aus dem Herzen. Die kirchliche Verkündigung hat diesen *einseitigen* Abschied überwiegend mitvollzogen. Max Thürkauf sagt dazu: „Sie können sich vom Teufel verabschieden; die Frage ist, ob der Teufel sich von Ihnen verabschiedet." Jeden Sonntag hören wir: Der liebe Gott ist lieb, lieb, lieb, und alle alle kommen in den Himmel. Wer sich dessen trotzdem nicht ganz sicher ist, der glaubt halt an Reinkarnation.

Die Bibel und die unveränderliche Lehre der Kirche sagen etwas anderes. Ja, Gott ist die Liebe. Jesus hat der Welt durch seinen Tod am Kreuz die äußerste Radikalität der Liebe ins Fleisch gebrannt. Aber es gibt einen Widersacher, den gefallenen Engel Luzifer, der gegen Gott rebelliert und sein will wie Gott. Der Mensch ist in diesen

---

*Leszek Kolakowski, *Gespräche mit dem Teufel*, München 1977, S. 202

geistlichen Kampf hineingestellt. „Der Sohn Gottes aber ist erschienen, um die Werke des Teufels zu zerstören." (1Joh 3, 8)

An vielen Stellen warnt Jesus die Menschen in unmißverständlicher Form vor dem „ewigen Feuer". Er treibt Dämonen aus und gibt seinen Aposteln die Vollmacht, dies ebenfalls in seinem Namen zu tun (Mk 6,7. 12-13).

Auch im Alten Testament warnt Gott die Menschen durch die Propheten wieder und wieder vor den falschen Göttern und führt ihnen am Beispiel des auserwählten Volkes vor Augen, wie sie in Knechtschaft und Unglück geraten, wenn sie aufhören, Gott anzubeten und allein auf seine Gnade zu vertrauen.

„Wenn du in das Land hineinziehst, das der Herr, dein Gott, dir gibt, sollst du nicht lernen, die Greuel dieser Völker nachzuahmen. Es soll bei dir keinen geben, der seinen Sohn oder seine Tochter durchs Feuer gehen läßt, keinen, der Losorakel befragt, Wolken deutet, aus dem Becher weissagt, zaubert, Gebetsbeschwörungen hersagt oder Totengeister befragt, keinen Hellseher, keinen, der Verstorbene um Rat fragt. Denn jeder, der so etwas tut, ist dem Herrn ein Greuel. (Dtn 18,9-12)

Das Neue Testament ist nicht weniger deutlich. In der Apostelgeschichte zieht Paulus mit zwei Helfern durch Zypern.

„Dort trafen sie einen Mann namens Barjesus,

einen Zauberer und falschen Propheten, der Jude war und zum Gefolge des Prokonsuls Sergius Paulus, eines verständigen Mannes, gehörte. Dieser ließ Barnabas und Saulus rufen und wünschte, von ihnen das Wort Gottes zu hören. Aber Elymas, der Zauberer - so wird nämlich der Name Elymas übersetzt -, trat gegen sie auf und wollte den Prokonsul vom Glauben abhalten. Saulus, der auch Paulus heißt, blickte ihn, vom Heiligen Geist erfüllt, an und sagte: Du elender und gerissener Betrüger, du Sohn des Teufels, du Feind aller Gerechtigkeit, willst du nicht endlich aufhören, die geraden Wege des Herrn zu durchkreuzen? Jetzt kommt die Hand des Herrn über dich. Du wirst blind sein und eine Zeitlang die Sonne nicht mehr sehen. Im selben Augenblick fiel Finsternis und Dunkel auf ihn, er tappte umher und suchte jemand, der ihn an der Hand führte. Als der Prokonsul das alles sah, wurde er gläubig, denn er war betroffen von der Lehre des Herrn. (Apg 13,6-12)

In der Offenbarung des Johannes wird den Zauberern der „zweite Tod" verheißen: „Aber die Feiglinge und Treulosen, die Befleckten, die Mörder und Unzüchtigen, die Zauberer, Götzendiener und alle Lügner - ihr Los wird der See von brennendem Schwefel sein. Dies ist der zweite Tod." (Offb 21,8)

„Draußen bleiben die «Hunde» und die Zauberer, die Unzüchtigen und die Mörder, die Götzendiener und jeder, der die Lüge liebt und tut." (Offb 22,15)

Im Katechismus der Katholischen Kirche heißt es:

„Sämtliche Praktiken der Magie und Zauberei, mit denen man sich geheime Mächte untertan machen will, um sie in seinen Dienst zu stellen und eine übernatürliche Macht über andere zu gewinnen – sei es auch, um ihnen Gesundheit zu verschaffen –, verstoßen schwer gegen die Tugend der Gottesverehrung. Solche Handlungen sind erst recht zu verurteilen, wenn sie von der Absicht begleitet sind, anderen zu schaden, oder wenn sie versuchen, Dämonen in Anspruch zu nehmen. Auch das Tragen von Amuletten ist verwerflich. Spiritismus ist oft mit Wahrsagerei oder Magie verbunden. Darum warnt die Kirche die Gläubigen davor. Die Anwendung sogenannter natürlicher Heilkräfte rechtfertigt weder die Anrufung böser Mächte noch die Ausbeutung der Gutgläubigkeit anderer". (KKK, 2115–2117)

Warum wenden sich die Propheten des Alten Testaments, Jesus und die Kirche mit solcher Schärfe gegen Magie und alle Arten okkulter Praktiken? *Weil es die dämonischen Mächte wirklich gibt.* Der Mensch, der sich ihnen ausliefert in dem Wahn, er könnte sich dämonische Geister für seine egoistischen Ziele dienstbar machen, verliert in diesem Leben die Freiheit der Gotteskindschaft und im nächsten Leben das ewige Heil. Selbst spielerische okkulte Einlassungen können eine Dynamik in Gang setzt, die in Zerstörung und Verzweiflung und endet.

Magie ist Ausdruck eines bis ins Dämonische gesteigerten Egoismus. „Mein Wille geschehe!" Gott aber kann im Leben des Menschen nur wirken, wenn der Mensch bereit ist zu sagen: „Dein Wille geschehe", denn die Freiheit des Menschen ist für Gott unantastbar. Das Suchen nach dem Willen Gottes ist zugleich das Suchen nach der einzigartigen personalen Identität. Sie finden, heißt Gott finden, und Gott finden, heißt sich finden.

Wir sind frei zu glauben, wem wir wollen: dem Zeitgeist oder Jesus Christus und der Lehre der Kirche. Der Versuch, die katholische Lehre an den Zeitgeist anzupassen, mit dem sie notwendigerweise und zu allen Zeiten in Widerspruch steht, lockt keinen Ungläubigen hinter dem Ofen hervor. Denn die Kirche verabschiedet sich nicht nur vom Teufel, sondern vom geistlichen Kampf und verliert dadurch ihre Kraft und ihren Glanz.

Und die Folge? Die Kirche setzt den Teufel vor die Tür, und er wird in Gestalt Voldemorts von einer globalen literarischen Flutwelle in die Kinderzimmer gespült.

Noch einmal Kolakowski:

„Aber meine Herren! Sie fürchten weder den Unglauben noch Häresie, kein Teufel – somit auch kein Herrgott – ist mehr imstande, Ihnen Angst einzujagen, Sie fürchten nur noch das eine – daß Sie jemand am Ende für rückständig, für mittelalterlich halten könnte, Sie auslachen könnte, weil Sie altmodisch sind." (*Gespräche mit dem Teufel,* S. 205)

6. Woher die Faszination?

Wie ist es möglich, daß die globale westliche Kultur, die ja aus lauter einzelnen Menschen besteht, von denen die meisten ihren Kindern Gutes wollen, die nächste Generation mit Potter großzieht?

Wir leben in einer Zeit globaler Ohnmacht. Wo man auch hinschaut: Die menschlichen Wege führen in die Ausweglosigkeit. Aus dem Traum, durch die Technik Macht über die Natur zu gewinnen und die Welt in ein Freizeiteldorado zu verwandeln, das auf Knopfdruck jedweden Genuß frei Haus liefert, weckt uns die Realität: Arbeitslosigkeit, Abbau der sozialen Sicherungssysteme, demographische Wende, Klimaveränderung. Was tun, wenn sich nirgendwo Lösungen zeigen?

Da kann Magie wie eine frohe Botschaft erscheinen. Was die Technik nicht hält, verspricht die Magie. Unsichtbare Kräfte beherrschen, sich über die zeitlichen und räumlichen Grenzen der irdischen Welt hinwegsetzen können, um die eigenen Wünsche und Begierden zu befriedigen – diese Sehnsucht schlummert in jedem Menschen. Der Boden für solche Angebote ist um so fruchtbarer, je mehr der Mensch unter seiner Ohnmacht leidet.

Was für ein Lebensgefühl haben Kinder und Jugendliche, die in dieser globalen Ohnmacht groß werden? Wie sind die seelischen Voraussetzungen der heutigen jungen Generation? Millionen von Kindern sind durch die Scheidung ihrer Eltern seelisch zerrissen. Viele sind alleingelassen, weil nur noch ein Elternteil für sie sorgt oder beide Eltern arbeiten (müssen). Jedes siebte Kind in Deutschland ist bereits Sozialhilfeempfänger. Durch den Abbau der sozialen Sicherungssysteme rutschen noch mehr Kinder in die Armut. Sie verbringen ihre Freizeit vor dem Bildschirm. Dort lernen sie, daß es in diesem Leben darauf ankommt Spaß zu haben, und Spaß hat man, wenn man konsumiert. Nur können sich immer weniger Jugendliche die Realisierung von Spaß als Lebensinhalt leisten. Sie erleben das als Demütigung.

Das Ergebnis ist Autoritätsverlust der Eltern, Flucht in frühe sexuelle Beziehungen, Bildungsverfall, Ansteigen von Depression, Ängsten,

Übergewicht, Medikamentenabhängigkeit, Drogensucht, Suizid bei Kindern und Jugendlichen und eine große innere Leere.

Die Botschaft, mit einem Zauberstab diese Welt verwandeln zu können, ist die verführerische Antwort auf diese Not. Durch Harry Potter wird die Hemmschwelle eingerissen, die im Gewissen des Einzelnen gegenüber magischen Praktiken bislang bestanden hat.

Wie werden junge Menschen, die mit Harry Potter groß geworden sind, mit leidvollen Situationen der Ohnmacht umgehen, denen sie oft schon in sehr jungen Jahren ausgesetzt sind? Wer warnt sie vor okkulten Praktiken, und wenn sie jemand warnt, warum sollten sie ihm Glauben schenken, wenn sie mit dieser Welt während ihrer gesamten Jugendzeit vertrauten Umgang in der Phantasie hatten? Es ist ein Unterschied, ob man als junger Mensch Grenzen zum Bösen überschreitet und weiß, daß man es tut, oder ob eine ganze Kultur sagt, das Böse ist gut. Das Gewissen kann sich so nicht entwickeln.

Magische Praktiken werden die Leere im Herzen der Menschen füllen, die nichts von Gott hören, die nie ein Gebet gelernt haben und nicht mehr wissen, was an Weihnachten gefeiert wird.

Durch das Eintauchen in die böse Welt der Schule für Zauberei und Hexerei werden die Seelen der Kinder abgestumpft und ihre Herzen unempfänglich für das Schöne, das Wahre, das Gute. Wenn diese Worte so klingen, als stammten sie aus einem vergilbten Poesiealbum, dann zeigt das nur eines: Diese Kultur ist krank.

7. Wie können Eltern ihre Kinder schützen?

Der Potter-Zug fährt um die Welt, und Millionen sitzen darin. Kann es denn sein, daß so viele Menschen um einen herum, Verwandte, Freundc, Lehrer, Pfarrer, Gebildete und Ungebildete in den falschen Zug eingestiegen sind und es nicht merken? Warten vielleicht alle darauf, daß das Böse einen Schnurrbart trägt, und erkennen nicht, daß es eine geniale Fähigkeit besitzt, mit der Zeit zu gehen und deren Nöte auszubeuten – mit einer nachhaltigen Strategie, die Generationen überspannt?

Wer bei Potter nicht mitmachen will, wird durch Pflichtlektüre mit Notenvergabe dazu gezwungen, durch geschlossene Kinobesuche der Schulklasse, durch Gruppendruck und Massenhysterie. Da die Harry Potter-Pädagogik den christlichen Glauben an einen liebenden Gott systematisch zerstört, handelt es sich um religiöse Indoktrination. Diese ist intolerant und widerspricht dem Geist unserer Verfassung. Die Teilnahme kann aus

Glaubens- und Gewissensgründen verweigert werden.

Eltern brauchen Mut, sich dagegen zu stellen, denn sie müssen damit rechnen, lächerlich gemacht und als Fundamentalist beschimpft und an den Rand gedrängt zu werden. Zu viel steht auf dem Spiel für jene, die im Zug sitzen. Aber auch für Ihre Kinder steht viel auf dem Spiel.

Eltern, welche die geistige und seelische Gefahr erkennen und ihre Kinder schützen wollen, müssen an zwei Fronten kämpfen: gegen den kulturellen Druck und um die Herzen der eigenen Kinder. Dafür ist es notwendig, sich ein eigenes Urteil zu verschaffen.

Vielleicht halten Sie es für möglich, daß ich übertreibe. Dann bleibt Ihnen nichts anderes übrig, als Potter selbst zu lesen.

Suchen Sie das Gespräch mit anderen Eltern und Lehrern und klären Sie sie über die Hintergründe auf – auch wenn Sie vielleicht zunächst allein gegen viele stehen. Die meisten Menschen lassen sich von einem kulturellen Strom mitreißen. Sie haben nie geübt, gegen den Strom zu schwimmen. Versuchen Sie, ihnen freundlich die Augen zu öffnen. Am Schluß des Buches sind die Hauptargumente gegen Harry Potter zusammengefaßt. Sie können diese Seite fotokopieren und weitergeben.

So lange wie möglich gibt es nur eine Devise:

die Kinder fernhalten. Man kann den Kindern erzählen, um was es bei Potter geht, und sie – ihrem Alter entsprechend – mit Ausschnitten aus der Geschichte konfrontieren, die Abscheu erregen, solange sie noch nicht in den magischen Sog der Erzählung geraten sind.

Wenn Kinder die Bücher bereits verschlingen, dann gibt es nur eine Möglichkeit: Bewußt zu machen, was Harry Potter vermittelt und andere Bücher anbieten, die spannend sind und bereichern – zum Beispiel den *Herrn der Ringe*. Es kann eine Gelegenheit sein, mit den Kindern über wesentliche Fragen tiefer ins Gespräch zu kommen.

J. K. Rowling sagt in einem BBC-Interview vom 27. 09. 2000: „Ich glaube, daß das Material teilweise nicht für Sechsjährige geeignet ist. Aber man kann sie nicht daran hindern, es zu lesen. Als ich sehr klein war, las ich Dinge, die mich verstört haben, aber ich glaube nicht, daß das furchtbar schlimm war. Meine Eltern haben nie zensiert, was ich gelesen habe, ich würde also einem Sechsjährigen nicht sagen, lies das nicht, sondern nur: Paß auf, manches wird unangenehm."

Hören Sie, was da gesagt wird? Lektüre, die verstört, ist nicht schlimm, nicht einmal für Sechsjährige, und Schutz vor Lektüre, die verstört, ist Zensur.

Nein, es ist keine Zensur, sondern die Pflicht und Verantwortung von Eltern, ihre Kinder zu schützen. Wir dürfen weder ihren Körper noch ihre Seele vergiften. Der Mensch wird durch das geformt, was er zu sich nimmt. Wie die materielle Nahrung den Körper gesund oder krank macht, so macht die geistige Nahrung die Persönlichkeit und die Seele des Menschen gesund oder krank – und wie viel mehr die formbaren Kinder. Erinnern Sie sich noch an die Bücher, die Sie zwischen sechs und 14 Jahren gelesen haben? Wie tief sich die Geschichten und Bilder eingeprägt haben? Soll das bei Ihren Kindern wirklich Harry Potter sein?

Ein gläubiger, betender Vater erzählte mir, wie sein zehnjähriger Sohn bitterlich weinte, weil er wegen seines Glaubens in der Klasse verspottet wurde. Wenn schon Erwachsene so selten den Mut haben, sich gegen die Mehrheit zu stellen, dann ist das für ein Kind eine heroische Tat. Es ist deswegen lebenswichtig, soziale Netze zu schaffen, die durch verbindliche Werte geknüpft sind und die Freude erfahrbar machen, die entsteht, wenn Menschen nach diesen Werten leben.

8. Gegen den Strom

Es war für mich eine Qual, viele Stunden und Tage und Wochen und Monate mit der Welt von Harry Potter zu verbringen. Es gab Zeiten, in denen mir das Gift unter die Haut ging und sich die Innenwelt verdüsterte. Wie muß es erst den Kindern gehen? Ich weiß von Eltern, daß ihre Kinder Alpträume bekamen, aber dann plötzlich doch ganz begierig waren zu wissen, wie „es weiter geht".

Ich habe mich mit Potter befaßt, weil ich erschüttert bin über das Ausmaß der Verblendung. Niemals hätte ich das für möglich gehalten. Ich stehe vor einem *Geheimnis des Bösen*.

Ein solcher Erfolg ist ein strategischer Feldzug. Wie ein Jojo auf die Schwerkraft angewiesen ist, aber den bewußten Anstoß braucht, um große Sprünge zu machen, so ist ein solcher Erfolg auf die Resonanz der jugendlichen Leser angewiesen, braucht aber ein Heer von gewissenlosen Profiteuren, die nur ein Ziel kennen: Geld machen, und sei es mit den Seelen der Kinder.

Welche Welt geben wir an die nächste Generation weiter? Zerstörte Natur, Klimakatastrophe, Zusammenbruch der Familie, moralische Verwüstung, demographische Wende, Schulden über Schulden – und nun stopfen wir den Kindern noch Bilder in die Seele, die sie von der Quelle der Kraft und Hoffnung abschneiden – von Gott.

Es ist eigenartig, gegen so überaus machtvolle Kräfte eines globalen Wandlungsprozesses die Stimme zu erheben. In diesem Kampf ist es tröstlich, vom obersten Hüter des katholischen Glaubens den Rücken gestärkt zu bekommen. Kardinal Ratzinger schrieb mir am 7. März 2003:

„Vielen Dank für das lehrreiche Buch. Es ist gut, daß Sie in Sachen Harry Potter aufklären, denn dies sind subtile Verführungen, die unmerklich und gerade dadurch tief wirken und das Christentum in der Seele zersetzen, ehe es überhaupt recht wachsen konnte."

Band V
Harry Potter und der Orden des Phönix

Zusammenfassung*

(Englische Ausgabe: 766 Seiten)

Wie gewohnt beginnt die fünfte Fortsetzung der Harry Potter-Geschichte im Ligusterweg bei Onkel und Tante Dursley und Vetter Dudley. Harry und Dudley sind pubertierende Knaben. Harry leidet im Ligusterweg unter der spießigen Engstirnigkeit seiner Pflegeeltern, die für die Welt der Zauberer und Hexen nichts übrig haben, und darunter, daß er von dieser Welt nun schon wochenlang abgeschnitten ist. Der fette Dudley hat sich zu einem vandalierenden Schlägertyp entwickelt. Als Harry und Dudley gemeinsam unterwegs sind, wird es vollkommen schwarz und eiskalt. In absoluter Dunkelheit werden sie von zwei *Dementoren* angegriffen. Dementoren *küssen* ihre Opfer. Harry erklärt: „So nennen sie das, wenn sie dir die Seele aus dem Mund saugen." (V, 36) Sie erzeugen Verzweiflung bis zum Wahnsinn.

* Die Seitenzahlen für Band V beziehen sich auf die englische Originalausgabe. Übersetzung aller Zitate von Gabriele Kuby

Kommentar

Dies ist die fünfte Variante der Entwertung der Menschenwelt. Es gibt bei Potter keine positive Darstellung der Menschenwelt.

Der Kuß ist ein Ausdruck der Liebe. Er wurde von Judas zum Verrat Jesu mißbraucht. Hier wird er gebraucht, um dem Opfer die Seele auszusaugen. Der Liebesausdruck wird zum Mittel, um Entsetzliches zuzufügen: Verzweiflung bis zum Wahnsinn – die besondere Fähigkeit der Dementoren, der Gefängniswärter und Folterknechte des Gefängnisses Askeban.

Ein Dementor würgt Harry und verlangt: „Verbeuge dich vor dem Tod...vielleicht ist er sogar schmerzlos..." Harry rettet sich und Dudley durch den Fluch „EXPECTO PATRONUM!"

Lord Voldemort ist im V. Band „zurückgekehrt". Mußte er sich in den bisherigen vier Bänden damit begnügen, durch Besessenheit zu wirken, so konnte er sich bei dem großen Friedhofsritual am Ende des IV. Bandes wieder einen Körper beschaffen.

Harry wird vom Magie-Ministerium vorgeladen, weil er in der Menschenwelt einen Fluch ausgeübt hat. Er fürchtet die schlimmste aller Strafen: Rauswurf aus Hogwarts.

Harry kommt nach Grimmauld Place, Nummer 12. Hier ist das Hauptquartier des Ordens des Phönix. Der Orden ist eine Geheimgesellschaft, die von Dumbledore, dem Direktor von Hogwarts, gegründet wurde, angeblich um gegen Voldemort und dessen Anhänger, die Todesser zu kämpfen. In Kapitel 9 werden auf zwei Seiten die toten, ermordeten, zerstückelten, bis zum Wahnsinn gefolterten Mitglieder des Ordens aufgezählt. Es ist das Elternhaus von Sirius Black, dem geliebten

Rettung durch Fluch. Der Fluch heißt übersetzt:
expecto = ich erwarte
patronum = Schutzherr, Chef, von pater = Vater

In den vorhergehenden vier Bänden kämpft Harry nicht gegen Voldemort, sondern gegen „die Rückkehr" Voldemorts, weil er fürchtet, daß er Hogwarts dem Erdboden gleichmachen oder es in eine Schule für schwarze Magie verwandeln könnte. Nichts dergleichen geschieht. Obwohl Voldemort „zurückgekommen ist" bleibt er die ständige Bedrohung aus dem Unsichtbaren und wirkt durch Besessenheit Harrys.
Harrys Hauptmotivation für sein Tun ist nicht der Kampf gegen das Böse, sondern: auf der Schule für Zauberei und Hexerei zu bleiben.

Es wird keine Gelegenheit ausgelassen, um ein Szenario äußersten Grauens zu beschreiben, ohne daß eine Person auf dieses Szenario mit Abscheu oder dem Willen, ihm zu entfliehen, reagieren würde.

Patenonkel Harrys, über dessen späteren Tod er untröstlich sein wird. Sirius versteckt sich dort, denn er ist aus dem Gefängnis Askeban ausgebrochen und wird vom Ministerium wegen Massenmords gejagt. Eine Karikatur stellt ihn mit Zauberstab auf einem Haufen menschlicher Knochen dar. (V, 173) Grimmauld Place sieht aus, „als wäre es das Haus einer sterbenden Person" (V, 59), „als gehöre es dem schwärzesten aller Zauberer". (V, 60) Das Haus ist verwahrlost, es riecht süßlich-verrottet, Schlangen als Türgriffe, ausgestopfte Elfenköpfe zur Dekoration; in einer Vitrine sind Klauen, Schlangenhaut und eine Kristallflasche mit Blut ausgestellt.

Das Portrait der Mutter von Sirius stößt immer wieder gellende Schreie aus: „Entehrung, dreckige Halbblüter, Blutverräter, Dreckskinder..." (V, 96)

Der Hauself Kreacher haßt seinen Meister Sirius. Er sagt: „Der Meister ist es nicht wert, den Schleim von den Schuhen seiner Mutter zu lekken." Sirius haßt seine Mutter. Über sechs Seiten hinweg (V, 100-106) geht es um Reinblut und Halbblut und Schlammblut und Blutverräter und reinblütige Familien.

Harry muß zum Verhör in den Kerker des Magie-

„Patenonkel" hat eine positive Assoziation. Harry vertraut ihm. Dieser Sirius wird wegen Massenmords gejagt. Er haßt seine Mutter. Er ist der Vetter der Todesser Lucius Malfoy und Bellatrix Lestrange, von der er später getötet wird.

Das Hauptquartier des Ordens, der angeblich gegen den bösen Voldemort kämpft, ist mit satanischen Symbolen ausgestattet, ein Ort des Grauens und des Hasses.
Blut

Rassenideologie, intensiviert sich von Band zu Band. Man stelle sich vor: Ein deutscher Autor hätte Reinrassigkeit zum Topos von Jugendlitertur gemacht! Warum stört das niemanden bei einer englischen Autorin?

Wer, der die Bibel kennt, denkt da nicht an: „Ich bin es nicht wert, ihm die Schuhe aufzuschnüren" (Lk 3,16) ?

Szenario des Grauens und der Rechtlosigkeit. Schreiende Ungerechtigkeit: Obwohl die Demen-

Ministeriums. Als es eng wird, taucht Dumbledore auf und haut ihn nach Advokaten-Manier raus. Daß er Harry dabei keines Blickes würdigt, kränkt Harry so sehr, daß er ihm später folterartige Übergriffe von Mrs. Umbridge nicht meldet. Er wird freigesprochen und kann endlich zurück nach Hogwarts. Kutschen, gezogen von reptilartigen Pferdeskeletten, bringen die Kinder ins Schloß. Diese sogenannten *Thestrals* kann nur sehen, wer schon mal jemanden sterben sah. Harry kann es.

Mrs. Umbridge, die neue Lehrerin für das Fach „Verteidigung gegen die dunklen Künste", hat kleine spitze Zähne und trägt gerne eine rosa Strickjacke. Sie ist der verlängerte Arm des Magie-Ministeriums in Hogwarts. Sie meint, frühere Lehrer wären gefährliche, unverantwortliche Halbblüter gewesen. Die Schüler wären in Flüche eingeweiht worden, die ihrer Altersgruppe nicht entsprochen und potentiell tödlich gewesen wären. Sie hätten fürchten müssen, alle naselang vom Dunklen angegriffen zu werden. Das wolle sie jetzt ändern. (V, 219) Sie will mehr Sicherheit für die Schüler. Deswegen wird sie nur Theorie unterrichten und auf das praktische Üben der Flüche und Gegenflüche verzichten – zur großen Empörung der Schüler. Aber Harry wird Abhilfe schaffen.

Harry besteht im Unterricht von Mrs. Umbridge

toren in der Muggelwelt nicht aktiv werden dürfen, soll Harry bestraft werden, weil er sich gegen sie gewehrt hat. Fazit: Das Ministerium unterstützt das Böse.

Da Mrs. Umbridge eine böse Diktatorin ist, die gehaßt wird, wird auch das gehaßt, was sie in Hogwarts ändern will: mehr Sicherheit, nur Theorie, kein praktisches Üben von gefährlicher Magie.

Der Leser identifiziert sich emotional mit dem Haß der Schüler auf Mrs. Umbridge und dem dringenden Wunsch der Schüler, Magie praktisch auszuüben.

In Hogwarts, dem Ort seiner Sehnsucht, wird

darauf, daß Voldemort „zurückgekehrt" sei, wofür er als Lügner bezeichnet und zum Nachsitzen verdonnert wird.

Harry muß zur Strafe immer wieder schreiben: „Ich darf nicht lügen." Dafür braucht er keine Tinte, denn er schreibt mit seinem eigenen Blut. Der Satz: „Ich darf nicht lügen" ist wie mit einem Skalpell in seine rechte Hand geschnitten. Wenn er schreibt, blutet die Wunde, sobald er aufhört, schließt sie sich. Allmählich wird die Wunde immer tiefer, immer schmerzhafter, immer blutiger. Er muß bis nach Mitternacht schreiben und eine Woche lang jeden Abend wiederkommen. Das Blut tropft am Handgelenk herunter auf das Papier. Der Schmerz wird von Mal zu Mal heftiger. Zu Dumbledore geht er nicht, aber dafür stärkt ihn ein „Talisman im Inneren seiner Brust", wenn er „in die hervorquellenden Augen von Mrs. Umbridge schauen muß." (V, 352) Hermine und Harry fragen sich, ob Voldemort Mrs. Umbridge vielleicht durch den Imperius-Fluch seinem Willen unterworfen habe.

Immer wieder wird Harry von einem Alptraum gequält: Er befindet sich in einem dunklen Korridor, der zu einer schwarzen Tür führt, die er nicht öffnen kann. Gegen Ende des Buches wird er durch diese Tür zum großen Showdown mit Voldemort gehen. Oft brennt und schmerzt seine

Harry dafür, daß er „die Wahrheit" über „die Rückkehr" Voldemorts sagt, fürchterlich bestraft.

Folter und Blutritual werden als Erziehungsmittel angewandt.

Ein Talisman verbindet mit dämonischen Kräften.

Aber es gibt für Harry keinen schöneren Ort als Hogwarts.

Kann der, der mit dem Bösen so innig verbunden

Fluchnarbe auf der Stirn. Er weiß, daß dies ein Zeichen für die Verbundenheit mit Voldemort ist.

Mrs. Umbridge wird durch ein Dekret des Magie-Ministeriums zum *Hohen Inquisitor* von Hogwarts ernannt. Sie darf die anderen Lehrer kontrollieren, um die Ängste der Eltern zu beruhigen. Harry muß erneut nachsitzen. „Jeden Abend wird meine Hand aufgeschlitzt." (V, 284) Die Schüler hassen sie vor allem deswegen, weil sie bei ihr nur Theorie lernen. Harry: „Ihr wißt nicht, wie es ist, wenn man einen Augenblick davor ist, daß man ermordet oder gefoltert wird und zuschauen muß, wie der Freund stirbt. Wir lernen hier nicht, wie man damit umgeht." (V, 293)

Deswegen gründet Harry im *Schweinekopf*, einem Wirtshaus „mit dem Dreck von Jahrhunderten", einen Geheimbund, die *Dumbledore Army*, kurz DA. Die 25 Schüler finden einen versteckten Raum. Hier können sie üben, „wie man damit umgeht". Sogleich gibt es einen Erlaß, der Schülerbünde verbietet.

Harry und Cho, die frühere Freundin des von Voldemort getöteten Freundes Cederic, fühlen sich zueinander hingezogen. Ihre unschuldigen Gefühle äußern sich durch Unbeholfenheit, Erröten und Tränen in den Wimpern. Irgendwann küßt Harry Cho. Hermine fragt: „Did you kiss? How was it?" Antwort: „Wet."

ist, gegen das Böse kämpfen?

Auch die Eltern der jugendlichen Leser haben Ängste. Aber Mrs. Umbridge, die diese „beruhigen" will, wird gehaßt.

Die Schüler hassen sie nicht wegen solcher Foltermethoden – niemand wehrt sich dagegen –, sondern weil sie Magie nicht praktisch ausüben dürfen.

Mitgefühl wird mobilisiert, um das Ausüben von Magie erstrebenswert erscheinen zu lassen.

Meisterhaft, wie mit einem Wort der Schimmer einer positiven Beziehung zerstört wird.

In den magischen Fächern ist der Lernstoff in der ersten Hälfte des Buches bemerkenswert moderat. Wurden bei Lehrer Snape in früheren Jahren Rattenhirne eingepökelt und Ringelwürmer auf den Pulten zerquetscht und abgekratzt, so stellen die Schüler dieses Jahr Beruhigungsmittel aus gepudertem Mondstein her und machen Skizzen von magischen Kreaturen. Um dem langweiligen Unterricht durch vorgetäuschte Unpäßlichkeit zu entgehen, fertigen einige clevere Köpfchen Nasenbluten-Nougat, Kotz-Pastillen und Ohnmachtsdrops, die sie an ihre Mitschüler verkaufen. Leider erzeugen die Fieber-Karamellen auch eitergefüllte Beulen, die man nicht mehr los wird und zwar „an Stellen, die man nicht öffentlich zeigt". (V, 336) Im Fach Wahrsagen wird Harry beharrlich mit der Vorhersage seines frühen Todes belästigt.

Dennoch quälen ihn seine beständigen Alpträume und immer wieder schmerzt seine Narbe. Harry weiß, was das bedeutet: Voldemort ist in der Nähe, ja mehr noch, Harry beginnt knapp ab der Hälfte des V. Bandes zu fühlen, was Voldemort fühlt, zu denken, was Voldemort denkt, zu sprechen, was Voldemort spricht und zu tun, was Voldemort tut. So empfindet er gleichzeitig heftigen Schmerz *und* Glück.

Voldemort hat im I. Band mitgeteilt, wie er wirkt,

Einreißen der Ekelschranke
Eitergefüllte Beulen an den Genitalien, hervorgerufen durch Scherzartikel der Schüler

Das Thema des V. Bandes ist die Besessenheit Harrys durch Voldemort. Einer, der vom Teufel besessen ist, kann nicht gegen den Teufel kämpfen.

solange er keinen eigenen Körper hat: „Ich habe nur Gestalt, wenn ich jemandes Körper teile, aber es gibt immer jene, die willens sind, mich in ihre Herzen und Köpfe einzulassen." (I, 318) Obwohl Voldemort jetzt, nachdem er sich in Band IV gänzlich inkarniert hat, dies eigentlich nicht mehr nötig hat, arbeitet er nach wie vor durch Besessenheit. Es ist Harry selbst, der willens ist, „Voldemort in Herz und Kopf einzulassen." Schließlich hat er sich ja auch am Ende des Friedhofsrituals im IV. Band zwingen lassen, sich vor Voldemort zu verbeugen. So erstaunt es nicht, daß er einen Schwur tut: „Ich schwöre feierlich, daß ich nichts Gutes im Sinn habe." (V, 345)

Harrys Freund Ron ist in diesem Jahr zum Präfekten ernannt worden, zur allgemeinen Überraschung, denn Harry schien für diese Machtposition in der Schülerhierarchie eher geeignet. Aber er gratuliert ihm großherzig. Darüber hinaus wird Ron sogar zum Torwart im Quidditch-Spiel gemacht, obwohl niemand erwartet, daß er das kann. So bietet er sich als Zielscheibe für bösartiges Mobbing an. Wie gewohnt wird er wegen seiner ärmlichen Herkunft verhöhnt, allen voran von dem gemeinen Mitschüler Malfoy. Harry und George, der Bruder von Ron, werden gegen Malfoy tätlich. Harry wollte nur eins: „Malfoy so viel Schmerz zufügen wie möglich" (V, 366). Zur Strafe bekommen Harry und George und auch gleich

Man sieht: Die erzwungene Verbeugung vor dem Teufel führt zur Besessenheit durch den Teufel.

Dieser „feierliche Schwur" dürfte von den meisten überlesen werden.

Ausgiebige Schilderung von Mobbing wegen ärmlicher Herkunft – ohne daß sich dagegen nennenswerter Widerstand regt.

Der Leser empört sich über die schreiende Ungerechtigkeit, die maßlose Strafe, die Sippenhaft, so daß die Abneigung von Mrs. Umbridge gegen Genoch dessen unbeteiligter Zwillingsbruder ein lebenslanges Verbot, Quidditch zu spielen. Mrs. Umbridge ist schließlich gegen die Ausübung von Gewalt. (V, 369)

Eine wohlbekannte Gestalt hat bisher im Schulalltag gefehlt: Hagrid, der Halbriese, der magische Kreaturen züchtet. Wie freuen sich die drei Freunde, als sie Licht in seiner Hütte sehen. Aber als Hagrid aufmacht, entfährt Hermine ein Schrei, denn:

„Hagrids Haar war mit geronnenem Blut verklebt, und sein rechtes Auge war nur noch ein aufgedunsener Schlitz in einem blauschwarzen Bluterguß. Gesicht und Hände waren mit Schnitten überdeckt, von denen einige noch bluteten." (V, 373) Als Pflaster legt er einen Lappen rohes, grünstichiges, blutiges Drachensteak über das Gesicht. Leider mußte er beim Trinken husten, so daß er „eine große Menge Speichel, Tee und Drachenblut über den Tisch spuckte". (V, 375) Hagrid schildert ausgiebig seine Abenteuer unter den Riesen, die sich gegenseitig die Köpfe abreißen. Sie bekämpfen sich zur Regelung ihrer Alltagskonflikte bis auf den Tod und sind deswegen vom Aussterben bedroht.

Harry fühlt sich zum erstenmal nicht wohl in Hogwarts. Er würde die nahenden Weihnachtsferien gerne *nicht* in Hogwarts verbringen. Dort wird mit walt, die sowieso nur geheuchelt ist, lächerlich gemacht wird.

Einreißen der Ekelschranke

17 Seiten Horrorszenario ohne Handlung

Weihnachten ist in den Herzen von Kindern und Jugendlichen noch immer das Fest der Liebe und der Familie, und viele wissen noch, daß die Geburt

Schildern dekoriert, auf denen steht: HAVE A VERY HARRY CHRISTMAS und mit Nachbildungen des häßlichen Kopfes von Dobby, dem Hauselfen.

Harrys Alpträume werden zu echten Erlebnissen: „Harry wollte den Mann beißen... er hatte keine Wahl...er erhob sich vom Boden und schlug einmal, zweimal, dreimal zu, grub seine Fangzähne tief in das Fleisch des Mannes, fühlte, wie seine Rippen zwischen seinen Kiefern zersplitterten, spürte einen warmen Schwall Blut...Der Mann schrie vor Schmerzen... war plötzlich still... schlug rückwärts gegen die Wand... Blut spritzte auf den Boden..." (V, 409)

Der Mann war Rons Vater, Arthur Weasley. Harry hatte sich in eine Schlange verwandelt. Harry weiß, daß der Traum Realität war, daß Rons Vater wirklich verletzt ist. Er sagt: „Ich tat es."

Darüber klärt ihn Dumbledore auf, der ein Instrument besitzt, in dessen Rauch sich die Schlange mit aufgesperrtem Rachen zeigt, eine Schlange, die sich in zwei teilt. „Als Dumbledore Harry in die Augen schaut, brennt Harrys Narbe weißglühend, als wäre sie aufgeplatzt. Haß auf Dumbledore steigt in ihm auf, und er würde am liebsten auch in ihn seine Fangzähne schlagen." (V, 419)

Jesu Christi gefeiert wird. Weihnachtsdekoration soll das Haus *schmücken*. Hier wird mit Widerwärtigem dekoriert.

Der Traum wird zur Wirklichkeit. Harrys Identität verschmilzt mit der Voldemorts. Er verwandelt sich im Traum zur Schlange und verletzt den Vater seines besten Freundes lebensgefährlich.

Die Schlange, die sich in zwei teilt, symbolisiert die Einheit von Voldemort und Harry.

Harry fühlt vernichtenden Haß auf Dumbledore, obwohl dieser doch mehrmals als sein Retter aufgetreten ist.

Rons Vater Arthur wird aufgrund Harrys Fürsorglichkeit ins St. Mungo's Krankenhaus für magische Krankheiten und Verletzungen eingeliefert. „Harrys Magen war voll schrecklicher, heiß blubbernder Schuld. Es war ein unwiderstehlicher Zwang gewesen, Mr. Weasley anzugreifen." (V, 422) Harry hat nun Angst schlafen zu gehen, weil er fürchtet, wieder zur Schlange zu werden und Ron zu attackieren oder jemand anderen.. (V, 425)

Der Krankenbesuch bei Rons Vater gibt Gelegenheit, ein magisches Krankenhaus und seine Patienten zu erleben. Das Personal trägt als Abzeichen ein Kreuz aus Zauberstab und Knochen. Es wird nachdrücklich betont, daß es sich um *Heiler* handelt und nicht um Ärzte. Ja, Arthurs Heilung verzögert sich sogar, weil er mit Muggel-Medizin experimentiert. In den Korridoren wabert ein faulig riechendes gelbes Gas, man hört Wimmern hinter den Türen, einem Patienten ragt eine Hand aus der Brust, einem anderen ein Elefantenrüssel, einem Muggel kamen durch verhexte, beißende Türgriffe die Finger abhanden, ein anderer kann Schuhe nicht ausziehen, die ihm die Füße abfressen.

„Harry fühlte sich schmutzig, vergiftet, als trüge er einen tödlichen Virus in sich, nicht würdig, mit unschuldigen, sauberen Leuten in der Untergrundbahn zu sitzen, deren Geist und Körper vom

Harry leidet zwar unter dem Zustand der Besessenheit, in dem er fast zum Mörder wird, aber es steigt kein Wunsch in ihm auf, sich von der Besessenheit zu befreien.

Heiler arbeiten häufig mit okkulten Praktiken.

Die Folgen von Magie werden an Harry offenbar: Haß, Zerstörungswut, Selbstzerstörung.

Makel Voldemorts frei war." (V, 435) Er hat Angst, andere zu verstümmeln. Sein wiederkehrender Alptraum hat sich etwas verändert: Die Tür am Ende des schwarzen Korridors ist jetzt offen.

Weihnachten feiert er mit Sirius, Hermine und den Weasleys in Grimmauld Place. Nach dem Weihnachtsessen machen sie einen Besuch bei Vater Weasley im Krankenhaus. Mit von der Partie ist der Mitschüler Neville Longbottom, der seine Eltern in der geschlossenen Abteilung besucht. Dort ist auch Nevilles Großmutter. Sie streckt ihnen ihre klauenartige Hand entgegen und stellt den Freunden die Eltern von Neville vor: „Mein Sohn und seine Frau. Wurden von den Anhängern von Du-weißt-schon-wer bis zum Wahnsinn gefoltert." Die reinrassige Kusine von Harrys Patenonkel Sirius hat es getan, Bellatrix Lestrange. Sie war vorübergehend ins Gefängnis gekommen, weil sie zu diesem Zweck den *Cruciatus*-Fluch angewendet hatte.

Harry ist in einem schlechten Zustand. Er spürt, daß er von Voldemort besessen ist. Dumbledore verordnet Harry deswegen Sonderunterricht in *Occlumency*, „magische Verteidigung gegen mentale Vereinnahmung von außen" (V, 458), ausgerechnet bei dem verhaßten Lehrer Snape, den er (im IV. Band) „am liebsten in tausend schleimige Stücke zerflucht hätte...wenn er nur wüßte, wie

Warum sich die Großmutter in der geschlossenen Anstalt befindet, erfährt der Leser nicht. Die Großmutter dürfte für die meisten Leser eine positive Gestalt sein. Diese hier hat eine klauenartige Hand und findet nichts dabei, daß man ihre Tochter und ihren Schwiegersohn bis zum Wahnsinn gefoltert hat. Es gibt keinen Hinweis, daß der Patenonkel Sirius etwas dagegen hat, daß seine Kusine so etwas tut.

Occlumency hat den gegenteiligen Effekt. Diese magische Technik ermöglicht den Einbruch in den Geist eines anderen. Mit dem „Befreiungsdienst", der zu tieferer Bindung an Voldemort führt, beauftragt Dumbledore den Lehrer Snape, der vielleicht immer noch ein Todesser ist und von Harry gehaßt wird.

dieser Cruciatus-Fluch funktionierte... (IV, 314) Die drei Freunde wissen nicht, ob Snape noch ein Todesser ist oder nicht. Sie wissen aber, daß Dumbledore ihm vertraut. Wem können *sie* noch vertrauen? Hermine: „Wenn wir Dumbledore nicht mehr trauen können, dann können wir niemandem trauen." (V, 490) Hermine fordert Harry mehrmals auf, doch eifrig am Occlumency-Unterricht teilzunehmen.

Snape klärt Harry darüber auf, daß der Dunkle Lord ein Experte im *Legilimency* ist, „der Fähigkeit, Gefühle und Erinnerungen aus dem Geist eines anderen zu extrahieren" (V, 468) „und in den Geist seines Opfers einzutauchen" (V, 469). „Der Fluch, der dich nicht töten konnte, hat eine besondere Verbindung zwischen dir und dem Dunklen Lord geschaffen. Wenn du schläfst, teilst du die Gedanken und Gefühle des Dunklen Lord V, (V, 469), und der Dunkle Lord weiß das." (V, 471) Mit Hilfe des *Denkariums* von Dumbledore kann auch Snape in Harrys Gedanken und Erinnerungen einbrechen.

Harry erlebt seine schrecklichsten Erfahrungen erneut, etwa die Verfolgung durch hundert Dementoren. Er weiß nun, daß Voldemort sich im *Department of Mysteries* des Ministeriums befindet. Dort arbeiten die *Unaussprechlichen* und dorthin führt der schwarze Korridor, in dem sich Harry

Hermine sagt es: In Hogwarts gibt es keine vertrauenswürdige Person.

Die negativen Wirkungen von Occlumency werden offensichtlich. Dennoch dringt Hermine auf eifrige Teilnahme. Damit fällt auch ein Verdacht auf Hermine.

immer wieder in seinen Alpträumen befindet.

Harry geht in seinen Schlafsaal. Die Narbe schmerzt so sehr, „als hätte ihm jemand den Kopf aufgehackt. Er wußte nicht mehr, wo er war, ob er stand oder lag, er wußte nicht einmal mehr seinen eigenen Namen. Irrsinniges Gelächter dröhnte in seinen Ohren. Er war glücklicher denn je, voller Jubel, ekstatisch, triumphierend, etwas Wunderbares, etwas ganz Wunderbares war geschehen. (V, 478) Harry wacht auf und merkt, daß das Gelächter aus seinem eigenen Mund kommt. Er sagt zu Ron: ‚Etwas Gutes ist geschehen.'"

„Occlumency hatte die Widerstandskraft seines Geistes geschwächt, nicht gestärkt, und er stellte sich die bange Frage, was wohl geschehen war, daß Lord Voldemort glücklicher war als je zuvor in den letzten vierzehn Jahren." Voldemorts Glück hatte Harry inmitten von extremem Schmerz in Jubel versetzt.

In der Schule verstärkt sich die diktatorische Macht von Mrs. Umbridge. Die bisherige Lehrerin für Wahrsagerei, Mrs. Trelawney, wird rausgeschmissen und durch den Zentaur Firenze ersetzt, der halb Mensch und halb Pferd ist. Er kennt seine Aufgabe: „Ich bin hier, um die Weisheit der Zentauren zu erklären. Diese ist unpersönlich und unparteilich. Wir beobachten am Himmel die gro-

Harry hat eine multiple Persönlichkeit, das heißt, er hat eine zerstörte Persönlichkeit.

Er erlebt gleichzeitig extremen Schmerz und ekstatischen Jubel.

Was mag dieses „Gute” sein, über das sich Voldemort so freut?

Er weiß nicht, warum Voldemort glücklich ist, und er mit ihm, aber er weiß, daß Voldemort glücklicher war als je zuvor in den letzten 14 Jahren.

ßen Gezeiten des Bösen oder des Wandels, die hier manchmal markiert sind. Es kann zehn Jahre dauern, bis wir sicher sein können, was wir sehen."

Der Geheimbund der Schüler fliegt auf. Als Harry zur Rechenschaft gezogen wird, nimmt Dumbledore alle Verantwortung auf sich. Durch Flucht entzieht er sich der drohenden Gefängnisstrafe in Azkeban und macht so den Weg frei für Mrs. Umbridge, die endlich am Ziel ihrer Wünsche ist: Sie wird Direktorin von Hogwarts. Zu Diensten steht ihr Hausmeister Filch, der die Schüler „bis aufs Blut prügeln möchte" (V, 554). Später bekommt er vom Ministerium die schriftliche Erlaubnis, die Schüler auszupeitschen. Er küßt das Pergament, auf dem dies steht. (V, 593)

Der Occlumency-Unterricht geht weiter, obwohl er die mentale Offenheit für Voldemort verstärkt. Als Snape einmal den Kerker verläßt, benutzt Harry die Gelegenheit, um mit Hilfe des Denkariums in den Geist Snapes einzudringen. Er wird Zeuge der schlimmsten Erfahrung Snapes: Harrys Vater James verübt aus Spaß und Langeweile einen entwürdigenden, gemeinen Fluchzauber an Snape. Er läßt ihn kopfüber in der Luft schweben und ist im Begriff, ihm die Unterhose ausziehen.(V. 572) So entpuppt sich der Vater als Widerling.
Das Abschlußexamen naht. Drogenhandel unter

Das Harry Potter-Projekt ist ein zehn Jahresprojekt: Sieben Bücher, die Filme kommen im Zwei-Jahresabstand hinterher. 2003 ist das fünfte Jahr.

Wie gut ist doch Dumbledore!

Das Grausame wird geküßt.

Für den gelegentlich moralisch empfindsamen Harry ist damit auch die Vaterbeziehung zerstört.

den Schülern. Ron stellt fest, daß Drachenklauen nicht funktionieren, aber bei Hermine bekommt er etwas Besseres: „Mußt deinen Verstand aufputschen, dann kommst du superschlau rüber für ein paar Stunden. Hermine, gib mir eine Prise. Kann ja nichts schaden."

Der verhaßten Mrs. Umbridge setzen sie einen *Niffler* ins Büro, der ihr ein Stück Bein herausbeißt. Es wird kräftig geübt für die Prüfungsfächer: Levitation, Patronus-Fluch, Vielsafttrunk, Runen, Wahrsagen, Astrologie. Wie die Prüfungen ausgehen, erfährt man nicht, es gibt aufregendere Abenteuer.

Harry hat einen weiteren Wahrtraum. Die schwarze Tür des Korridors öffnet sich, und er gelangt in eine *kathedralenartige* Halle voller Regale mit Glaskugeln. „Am Boden windet sich eine schwarze Gestalt wie ein verwundetes Tier... Harry hört, wie eine hohe, kalte Stimme sagt: ‚*Crucio!*'"

„Harry lachte, er hob seinen Zauberstab, der Fluch löste sich, und die Gestalt ächzte und wurde bewegungslos.
Lord Voldemort wartet...
Ganz langsam hob der Mann auf dem Boden mit zitternden Armen seine Schultern und schaute nach oben. Sein Gesicht war blutüberströmt, verzerrt vor Schmerz, aber starr und trotzig...

Was schadet schon eine Priese (Kokain), wenn man Prüfungsstreß hat.

Hemmungslose Rachsucht

Dies alles sind in unserer Gesellschaft existierende magische Praktiken. Die TM-Sekte hat mit Levitation geworben. Drogen aller Art grassieren. Runen-Magie ist verbreitet, Wahrsager gibt es mehr als Priester, Astrologie boomt.

Crux, crucis = Kreuz, *cruciare* = martern, quälen, kreuzigen

Eine von zahllosen Szenen extremer Grausamkeit, bei der Harry im Zustand der Besessenheit durch Voldemort Mittäter ist.

‚Du wirst mich töten müssen', flüsterte Sirius. ‚Zweifellos werde ich das am Ende', sagte die kalte Stimme. ‚Aber erst holst du mir das Ding, Black, du meinst, du hättest bisher Schmerzen gefühlt? Sei vernünftig...wir haben noch Stunden vor uns, und niemand hört dich schreien.' „ (V, 641)
Harry weiß, daß dies *wirklich* geschehen ist, und daß Sirius noch nicht tot ist.

Nun hebt auf den letzten 123 der 766 Seiten das große Finale an. Harry, der Held, will Sirius retten, und schreckt vor nichts zurück. Seine Freunde Ron und Hermine haben den Eindruck, daß er gerne den Helden spielt und einen Rettungstick hat. Harry überredet seine Freunde mitzukommen, denn: „Sirius wird JETZT gefoltert. Wir dürfen keine Zeit verschwenden." (V, 648) Doch vorher will er noch Kontakt mit Sirius aufnehmen, von dem er offenbar doch nicht weiß, daß er „jetzt" gefoltert wird. Via magischem Transport sucht er ihn in Grimmauld Place, doch er hat Pech. Der Haussklave Kreacher legt Harry herein. Er behauptet, Sirius, der sich im ersten Stock befindet, sei bereits im Department of Mysteries.

Die Freunde werden von Prof. Umbridge geschnappt, bevor sie zum Ministerium aufbrechen können. Sie verlangt von Lehrer Snape *Veritaserum*, unter dessen Einfluß die Wahrheit ausge-

Darstellung der Lust am Quälen.

Der Alptraum ist Wirklichkeit. Die Unterscheidung zwischen Alptraum und Realität wird aufgehoben.

Den Heldenmut Harrys nehmen selbst seine Freunde nicht ernst.

sprochen werden muß. Snape, der dem Orden des Phönix angehört und das Vertrauen von Dumbledore genießt, verweigert das Mittel: „Leider kann ich Ihnen nicht helfen, außer Sie wollen Potter vergiften, wofür ich das größte Verständnis hätte."

Hermine gelingt es, Mrs. Umbridge unter einem Vorwand in den Dunklen Wald zu locken. Dort finden wieder allerhand blutige Kämpfe mit Zentauren und dem Halbriesen Grawps statt. Grawps ist der Halbbruder von Hagrid: „Meine Mutter hat sich mit einem anderen Riesen eingelassen, nachdem sie meinen Dad verlassen hat." (V, 609) Nun kümmert er sich rührend um den Bruder, der ihm immer neue blutige Verletzungen beibringt. Ein Zentaur entsorgt vorübergehend Prof. Umbridge. Zwei Thestrals erscheinen zur Rettung der Freunde, jene Pferde, die nur der wahrnehmen kann, der schon mal jemand sterben sah. Harry wundert sich, daß er sie je häßlich fand. Sie lecken ihm das Blut vom Ärmel und bringen die Freunde dann ins Department of Mysteries – zum großen Showdown zwischen Harry und Voldemort.

Was Harry immer geträumt hat, wird nun Wirklichkeit. Durch den schwarzen Korridor gelangt Harry mit seinen Freunden in einen Raum mit zahllosen Türen. Sie öffnen eine Tür und sehen einen Glasbottich mit Gehirnen, die aussehen wie schleimige Blumenkohlköpfe. Steinstufen führen

Hagrid ist fürsorglich zu seinem blutrünstigen Riesen-Halbbruder. Dies ist ein wiederkehrendes Motiv: Gewalt gepaart mit Zärtlichkeit und Fürsorglichkeit.

Das Abartige und Häßliche erscheint Harry schön.

Einreißen der Ekelschranke

nach unten zu einem Thron mit Baldachin. Er steht vor einem Steintor, das mit einem Schleier verhängt ist. Sie kommen in einen eiskalten Raum, hoch wie eine *Kirche*, in dem unzählige Glaskugeln in Regalen aufgereiht sind, aus denen blaue Flammen schlagen. Auf einer Kugel stehen die Namen von Harry *und* Voldemort.

Harry greift nach der Kugel. In diesem Augenblick steht Voldemort hinter ihm und sagt: „Sehr gut, Potter. Jetzt drehe dich ganz langsam um und gib mir das Ding." (V, 688) Die Kugel enthält *die Prophezeiung*, hinter der Voldemort her ist. Todesser Lucius Malfoy und die Foltermagd Bellatrix sind anwesend. Harry hat nun Schuldgefühle, daß er seine Freunde „aus Dummheit" in diese tödliche Situation gebracht hat.

Harry weigert sich standhaft, die Kugel herzugeben. Bellatrix: „Brauchst du noch Nachhilfe? Also gut – nehmt die Kleinste" – befahl sie den Todessern. „Er soll eine Weile zuschauen, wie wir das kleine Mädchen foltern. *Ich* tue es." (V, 691) Bellatrix, selbst reinblütig, verhöhnt die Halbblüter, obwohl ihr Meister Voldemort ebenfalls ein Halbblüter ist. (V, 692)

Lucius Malfoy befiehlt: „Seid vorsichtig mit Potter, bis wir die Prophezeiung haben. Die anderen könnt ihr töten, wenn nötig." (V, 695) Nun darf

Beim Showdown zwischen Harry und Voldemort werden regelmäßig sakrale Elemente eingeführt.

Warum Voldemort nicht selbst danach greifen kann, bleibt rätselhaft, und warum es sich für Harry und seine Freunde lohnt, dafür das Leben einzusetzen, ebenfalls – war Harry doch ursprünglich ausgezogen, um Sirius das Leben zu retten, aber von ihm ist kaum mehr die Rede.

Darstellung der Lust am Foltern.

Rassenideologie

Ein Kampf wird interessant, wenn es Regeln gibt und begrenzende Bedingungen für beide Seiten. Hier herrscht nur absolute, magische Willkür.

man über 15 Seiten einem völlig willkürlichen, blutigen Kampfgeschehen zwischen den Freunden ei-nerseits und den maskierten Todessern andererseits zusehen, bei dem immer mal wieder jemand fast draufgeht, Harry eingeschlossen. Ron, der von den Fangarmen eines Gehirns gewürgt wurde, platzt Blut in einer Blase aus dem Mund, und er kichert nur noch irre. Alle Arten von Verfluchungen schwirren durch die Luft, manchmal mitsamt den Zauberstäben. Pikante Einzelheiten würzen das Geschehen: Ein Todesser fällt in einen Glasbehälter. Sein Kopf schrumpft und verwandelt sich in einen Babykopf, bedeckt mit Pfirsichhaut. Der „häßliche, babyköpfige Todesser" greift Harry an. Harry hebt seinen Zauberstab, aber Hermine fährt dazwischen: „Du kannst doch dem Baby nichts antun!" (V, 697)

Harry, umklammert weiterhin heldenmütig die „Prophezeiung", unterstützt von Neville Longbottom. Bellarirx versucht, ihm mit ihren Mitteln beizukommen.
„Mal sehen, wie lange Longbottom braucht, bevor er knackt – wie seine Eltern... außer Potter gibt uns die Prophezeiung.
Neville: ‚Gib sie ihnen nicht!'
Bellatrix hebt ihren Zauberstab: ‚*Crucio!*'
Neville krümmt sich jaulend vor Schmerzen auf dem Boden.
Bellatrix: ‚Das war nur ein Vorgeschmack.'"

Wieder taucht im Zusammenhang mit äußerster Grausamkeit das Motiv *Baby* auf (z.B. Alraunen im II. Band, Friedhofsritual im IV. Band).

Der Impuls, ein Baby zu schützen, wird auf einen „babyköpfigen Todesser" gerichtet.

Durch Foltern in den Wahnsinn treiben – ein wiederkehrendes Motiv

„Ich kreuzige!"

Lust am Foltern

Durch ein Mißgeschick zerbricht die Kugel.
Da fällt Dumbledore vom Himmel.
Bellatrix erledigt nebenbei Sirius.
„Seine Augen weiteten sich im Schock. Sein Körper bog sich, er fiel zurück hinter den Schleier und verschwand.
„ ‚Sirius!' schreit Harry. ‚Sirius!'"
Aber er rettet den Freund nicht mehr.
„Du kannst nichts mehr machen, Harry. Er ist gegangen – für immer."

Bellatrix verhöhnt den tief trauernden Harry. „Aaaaah... hast du ihn geliebt, kleines Potter-Baby?" Harry haßt, wie nie zuvor. Er flucht *„Crucio!"*, aber Bellatrix schreit nur auf, windet sich nicht in Schmerzen wie Neville. Sie erläutert: „Du mußt wirklich quälen wollen, du mußt Freude daran haben. Berechtigte Wut kann mir nichts anhaben. Soll ich *dir* eine Lektion erteilen?" *„Crucio!"* Obwohl Bellatrix Freude am Quälen hat, kommt auch ihr Fluch nicht richtig an. Harry kann ausweichen. Im übrigen würde auch Folter nichts nützen, denn die Kugel ist ja bereits zerbrochen. (V, 715)

Harrys Narbe brennt, als müßte ihm der Kopf zerspringen. Da taucht Voldemort wieder auf. „Groß, dünn, schwarze Kapuze, schreckliches schlangenhaftes Gesicht, weiß und unheimlich, Augenschlitze mit scharlachroten Pupillen ... Lord Vol-

Die Rettungsaktionen Dumbledores entbehren jeder Einbettung in eine nachvollziehbare Handlung.

Es gibt keinerlei Kampf um Sirius, den Harry doch eigentlich retten wollte.

„Ich kreuzige!”

„Ich kreuzige!”

demort stand mitten in der Halle und richtete seinen Zauberstab auf Harry, der erstarrte und sich nicht mehr bewegen konnte." (V, 716) Bellatrix winselt zu Füßen ihres Meisters um Vergebung. Voldemort verflucht Harry mit dem Tötungsfluch, aber eine Statue schlingt ihre Arme um Harry und bewahrt ihn. Dumbledore fällt erneut vom Himmel. Voldemort verwandelt sich in eine Schlange, ein tödlicher, grüner Lichtstrahl schießt aus ihrem Maul in Richtung Dumbledore, da flattert der Phönix herein, schluckt den Lichtstrahl und geht in Flammen auf... Dumbledore siegt, Voldemort flieht, doch nein, „Harrys Narbe platzte und er wußte, daß er tot war: unvorstellbarer Schmerz, jenseits des Erträglichen." „Harry wußte nicht, wo sein Körper aufhörte und der Körper dieser Kreatur begann: sie waren aneinandergeschweißt, durch Schmerz gebunden, und es gab kein Entfliehen." (V, 719)
Harry sagt: „Töte mich jetzt, Dumbledore."
„Harry dachte: Tod ist nichts im Vergleich dazu. Ich werde Sirius wiedersehen..." (V, 720)

Aber siehe da: Die physische Verbindung zu Voldemort löst sich auf, Harry liegt auf dem eisigen Fußboden. Ihm fehlt nichts weiter als seine Brille. „Alles in Ordnung Harry?" fragt Cornelius Fudge, Direktor des Magie-Ministeriums.
„Ja..."
Das Ministerium erkennt, daß sie den falschen

Das Motiv Vergebung kommt ausschließlich dann vor, wenn Voldemort von seinen Lakaien um Vergebung angefleht wird, weil sie die bösen Taten nicht korrekt ausgeführt haben.

„Vermählten" sich im IV. Band nur die Zauberstäbe von Harry und Voldemort, so werden sie jetzt ein Fleisch.

In der Besessenheit verlangt Harry von dem, der ihn bisher gerettet hat, von Dumbledore, daß er ihn töten soll.

Der „Lösung" fehlt jeder Hauch von Schlüssigkeit.

All das Grauen, das auf 720 Seiten beschrieben wurde, hat keinerlei Folgen.

Mann gejagt haben, nämlich Sirius, und daß Voldemort wirklich zurückgekehrt ist. Prof. Umbridge wird entlassen, und Dumbledore wird wieder Direktor.

Im Büro von Dumbledore kommt es zur großen Aussprache. Harry ist untröstlich über den Tod von Sirius, darf sich aber freuen, daß kein Mitschüler bleibenden Schaden genommen hat. Der Satz Dumbledores: „Die Tatsache, daß du solchen Schmerz fühlen kannst, ist deine größte Stärke" versetzt Harry in rasende Wut, so daß er beginnt, das Mobiliar zu zerschlagen. Dumbledore nimmt es gelassen hin, denn er ist reumütig. Er sei es, der am Tod von Sirius Schuld sei, er mache eben Fehler in seinem hohen Alter (V, 727), aber es sei alles nur aus Liebe geschehen.
Warum er ihn nicht selbst in Occlumency unterrichtet habe? Um ihn vor den mentalen Anschlägen Voldemorts zu schützen. (Das Gegenteil ist der Fall.)
Warum Harry bei dem verhaßten Snape Unterricht nehmen mußte?
Weil Dumbledore ihm vertraut.
Warum ihn der Hauself Kreacher hereingelegt hat?
Weil er sich an Sirius rächen wollte.
Warum er sich an Sirius rächen wollte?
Weil Sirius ihn schlecht behandelt hat.
Harry fragt: „Sirius hat also verdient, was ihm zu-

Der Streit um „die Rückkehr" Voldemorts ist ein reines Hirngespinst, denn seine „Rückkehr" bewirkt keinerlei Veränderung in Hogwarts.

Dumbledore nimmt den Schmerz Harrys wahr und deutet ihn positiv. Es ist völllig unverständlich, warum Harry deswegen das Mobilar zerschlägt.

Dumbledore bereut, was er als Akt der Liebe darstellt. Er bereut also nicht, sondern rechtfertigt sich. Was er zu bereuen vorgibt, ist ein angeblicher Akt der Liebe.

Die komplizierten, völlig unschlüssigen und widersprüchlichen Umdeutungen dessen, was der Leser auf 720 Seiten erlebt hat, dienen einzig und allein dazu, dem Bösen ein Mäntelchen umzuhängen und den Leser vollends zu desorientieren.

So wie der Vater sich als Schwein entpuppt hat, so nun auch noch Sirius.

gestoßen ist?" (V, 735)
Warum Harry in den Ferien immer wieder zu seinen Pflegeeltern zurückkehren muß, die er haßt? „Das Opfer deiner Mutter machte das Blutsband zum stärksten Schutz, den ich dir geben konnte. Dort konntest du nicht von Voldemort verletzt werden. Ihr Blut wurde deine Zuflucht. Du mußt dorthin nur einmal im Jahr zurückkehren, aber so lange du es Zuhause nennen kannst, während du dort bist, kann er dir nichts antun."

Dumbledore macht Harry klar, daß alles, was er getan und nicht getan hat, aus Liebe geschah. Diese Liebe scheut keine Opfer: „ ‚Ich habe dich zu gern gehabt', sagte Dumbledore. ‚Dein Glück war mir wichtiger, als dich die Wahrheit wissen zu lassen, dein innerer Friede wichtiger als mein Plan, dein Leben wichtiger als die Leben jener, die vielleicht verloren gehen würden, wenn der Plan mißlang. Mit anderen Worten, ich verhielt mich genauso, wie Voldemort es von solchen Narren wie uns, die lieben, erwarten würde."

„Ich habe dich genauer beobachtet, als du dir vorstellen kannst – *nicht,* um dir mehr Schmerzen zu ersparen, als du bereits erlitten hast. Was scherte es mich, wenn namenlose und gesichtslose Menschen und Kreaturen in der ungewissen Zukunft geschlachtet würden, solange du im Hier und Jetzt glücklich am Leben warst?" (V, 739)

Der Ort, den Harry am meisten haßt, das Haus der Pflegeeltern im Ligusterweg, ist die einzige Zuflucht Harrys vor den Anschlägen Voldermorts. Das heißt: Es gibt keinen Zufluchtsort für Harry.

Qualitäten des Guten werden als unvereinbar dargestellt.

Entweder Glück oder Wahrheit

Harrys Leben auf Kosten des Lebens anderer

Das Wörtchen „nicht" überliest man. Dumbledore will Harry also keine Schmerzen ersparen, und er will für das Glück Harrys in der Gegenwart namenlose Menschen in der Zukunft „schlachten": Glück auf Kosten des Todes vieler anderer. Das ist die Moral des „guten" Dumbledore.

Warum Voldemort Harry mit der Narbe gekennzeichnet hat, „die sich als Segen und Fluch erwiesen hat"? Weil Harry ein Halbblut ist wie er selber. „Er sah sich in dir, bevor er dich je gesehen hatte. Indem er dich mit dieser Narbe bezeichnet hat, hat er dich nicht getötet, wie er vorhatte, sondern gab dir Kräfte und eine Zukunft, die dich befähigt haben, ihm nicht einmal, sondern viermal zu entkommen – etwas, das weder deinen Eltern, noch Nevilles Eltern gelungen ist." „Dein Herz hat dich gerettet." (V, 743)

Mittels des Denkariums wird die Prophezeiung offenbart, die die Lehrerin für Wahrsagerei, Trelawney, einst ausgesprochen hat. Deren letzter Satz lautet:
„Einer von uns muß durch die Hand des anderen sterben, denn keiner kann leben, während der andere überlebt."

Harry fürchtet sich mehr denn je vor der Rückkehr in den Ligusterweg. Vorher holt er sich noch Rat beim Hausgeist, dem Fast-kopflosen-Nick. Schließlich ist der tot und doch noch da. Ihn treibt die Frage um, ob Sirius zurückkommen könne. Zum großen Kummer von Harry verneint dies der Fast-kopflose-Nick. Er selber sei nur noch da, weil er sich vor dem Tod so sehr gefürchtet habe, daß

Rassenideologie
Voldemort hat vor, Harry zu töten, tut es dann aber doch nicht und verpaßt ihm die Fluchnarbe. (Bisher *konnte* er Harry wegen des Opfers seiner Mutter nicht töten.) Er gibt ihm dadurch Kräfte und Zukunft, und zwar Kräfte, die Harry befähigen, Voldemort viermal zu entkommen. Warum gibt er ihm diese Kräfte, wenn er Harry doch ständig nach dem Leben trachtet? Wieso wird Harry durch „sein Herz" gerettet, wenn Voldemort ihm doch die Kräfte verliehen hat?

Harry lebt in der Welt auswegsloser Wahrsagerei. Voldemort „gab ihm Kräfte und Zukunft, um ihm zu entkommen". Bisher haben sie blutig koexistiert.

Die Widersinnigkeit des Gefasels Dumbledores ist kein Zeichen dafür, daß die Intelligenz der Autorin allmählich gelitten hat. Vielmehr handelt es sich um hypnotische Induktion durch Außerkraftsetzen des Intellekts.

er die schwächliche Imitation des Lebens vorgezogen habe. Aber das Mädchen Luna macht Harry wieder Hoffnung. Er habe doch die Stimmen hinter dem Schleier gehört, oder nicht?

Ganz am Schluß erfährt Harry noch, daß Cho einen anderen hat. Aber es tut ihm „kein bißchen weh".

Mad-Eye Moody liefert Harry bei den Pflegeeltern ab: „Wenn wir irgendwie mitkriegen, daß ihr Potter schlecht behandelt, dann müßt ihr mit uns rechnen." Und zu Harry: „Schrei, wenn du uns brauchst!"

Das letzte Kapitel trägt die Überschrift „Der zweite Krieg beginnt."

Wir dürfen gespannt sein auf die Totenbeschwörungen im nächsten Band.

Auch diese Beziehung, für ein paar Augenblicke ein Ort des Aufatmens, geht schnell noch mit in den Abort.

Es hält nicht, was es verspricht, aber vielleicht ist der Titel eine Vorschau auf den VI. Band.

ZEHN ARGUMENTE

1. Harry Potter ist ein globales Langzeitprojekt zur Veränderung der Kultur. Die Hemmschwelle gegenüber Magie wird in der jungen Generation zerstört. Damit dringen die Kräfte in die Gesellschaft ein, die das Christentum einst überwunden hat.

2. Hogwarts, die Schule für Zauberei und Hexerei, ist eine geschlossene Welt der Gewalt und des Grauens, der Verfluchung und der Verhexung, der Rassenideologie und des Blutopfers, des Ekels und der Besessenheit. Es herrscht eine Atmosphäre ständiger Bedrohung, die sich auf den (jungen) Leser überträgt.

3. Harry Potter kämpft nicht gegen das Böse. Von Band zu Band wird seine Verwandtschaft mit Voldemort, dem ganz und gar Bösen, deutlicher. Im V. Band wird er selbst von Voldemort besessen, was zur Zerstörung seiner Persönlichkeit führt.

4. Die Menschenwelt wird erniedrigt, die Welt der Hexen und Zauberer glorifiziert.

5. Es gibt keine positive transzendente Dimension. Das Übernatürliche ist ausschließlich dämonisch. Göttliche Symbole werden pervertiert.

6. Harry Potter ist kein modernes Märchen. Im Märchen sind Zauberer und Hexen eindeutig Gestalten des Bösen, aus deren Macht sich der Held durch die Ausübung von Tugenden befreit. Bei Harry Potter gibt es niemanden, der das Gute will.

FOTOKOPIEREN UND WEITERGEBEN

GEGEN HARRY POTTER

7. Die Unterscheidungsfähigkeit des Lesers zwischen Gut und Böse wird durch emotionale Manipulation und intellektuelle Verwirrung außer Kraft gesetzt.

8. Es ist ein Vergehen an der jungen Generation, sie spielerisch zur Magie zu verführen und ihre Phantasie mit Bildern einer Welt anzufüllen, in der das Böse regiert, eine Welt, die nicht nur als ausweglos, sondern als erstrebenswert dargestellt wird.

9. Jeder, dem an Meinungsvielfalt gelegen ist, sollte sich gegen die Massenverblendung und Meinungsdiktatur durch ein gigantisches Multimedia-Unternehmen zur Wehr setzen.

10. Da der Glaube an einen liebenden Gott systematisch zerstört wird, ist die schulische Indoktrination mit Harry Potter intolerant und widerspricht dem Geist unserer Verfassung. Die Teilnahme an schulischen Potter-Aktivitäten kann aus Glaubens- und Gewissensgründen verweigert werden.

Die Begründung dieser Argumente finden Sie in dem Buch:

Gabriele Kuby
Harry Potter – gut oder böse
Schwerpunkt: Band V

Fe-Verlag, TB, € 7,80, 160 S., ISBN: 3-928929-54-2

Bestellen bei:

Fe-Medienverlag, Friedrich-Wirth-Str. 4,
D-88353 Kisslegg. Tel.: 07563-92006, Fax: 07563-3381,
e-mail: redaktion@pur-magazin.de

FOTOKOPIEREN UND WEITERGEBEN